AZ VÉGSŐ BRIÓS KÉZIKÖNYV

Sajátítsd el a tökéletes briós sütésének művészetét minden alkalommal

Gábor Rácz

Copyright Anyag ©2024

Minden jog fenntartva

A kiadó és a szerzői jog tulajdonosának megfelelő írásos beleegyezése nélkül ennek a könyvnek egyetlen része sem használható fel vagy továbbítható semmilyen formában vagy módon, kivéve az ismertetőben használt rövid idézeteket. Ez a könyv nem helyettesítheti az orvosi, jogi vagy egyéb szakmai tanácsokat.

TARTALOMJEGYZÉK

TARTALOMJEGYZÉK **3**
BEVEZETÉS **6**
KLASSZIKUS BRIÓS **7**
   1. Fonott briós 8
   2. Kovászos briós 10
   3. Miniatűr briós zsemle 12
CSOKIS BRIÓS **15**
   4. Kakaós briós reggeli zsemle 16
   5. Klasszikus csokoládé briós 20
   6. Csokoládé Briós Babka 23
   7. Dupla csokoládé briós kenyér 26
   8. Gluténmentes briós vagy csokoládé 29
   9. Csokoládé Brioche Chinois 32
FŰSZERES BRIÓS **35**
   10. Vaníliás briós 36
   11. Fahéjas briós 39
   12. Chile paprika briós 42
   13. Fűszeres briós homoktövis túróval 45
   14. Fűszeres briós Hot Cross Buns 47
   15. Chai fűszerezett briós cipó 50
   16. Cukor és Fűszer Briós 53
   17. Kurkumával fűszerezett briós zsemle 56
   18. Fahéjas cukor örvénylő briós 59
   19. Szerecsendió mazsola briós tekercs 61
   20. Kardamom Narancs Twist Briós 63
   21. Mézeskalács briós cipó 65
   22. Sütőtök fűszeres briós csomók 67
   23. Chai fűszerezett briós örvények 69
   24. Almacideres briós Muffin 71
   25. Vaníliás kardamom briós koszorú 73
REGIONÁLIS BRIÓS **75**
   26. Klasszikus francia briós 76
   27. Egy merican briós 79
   28. Svájci csokis briós 81
   29. Provence-i citrom-levendulás briós 84
   30. Déli fahéjas-pekándiós briós 87
   31. Skandináv kardamom-narancsos briós 90
   32. Elzászi Kugelhopf Briós 93
   33. Provence-i Fougasse Brioche 95
   34. Svéd sáfrányos briós Lussekatter 97
   35. Olasz Panettone Brioche 99

36. Japán Matcha Melonpan Brioche 101
37. Marokkói narancsvirágos briós..103
38. Indiai kardamom és sáfrányos briós 105
39. Mexikói fahéjas csokis briós 107
GYÜMÖLCSBRIÓS 109
40. Gyümölcsös és diós briós..110
41. Briós pudingos zsemle magházas gyümölccsel és bazsalikommal 112
42. Csokoládé passiógyümölcs briós zsemle..115
43. Kandírozott gyümölcs és dió briós koszorú 118
44. Áfonya citromos briós 121
45. Málnás mandulás briós tekercs 123
46. Barack vaníliás Briós Twist 125
47. Epres krémsajt briós fonat 127
48. Cseresznyemandulás briós kavarog 129
49. Mangó kókuszos briós tekercs 131
50. Szeder citromos sajttorta briós 133
51. Citrus Kiwi Briós Koszorú 135
VEGGIE BRIÓS 137
52. Brioches de pommes de terre..138
53. Spenóttal és fetával töltött briostekercs..140
54. Pirított pirospaprika és kecskesajtos briós torta 142
55. Gombás és svájci sajtos briós fonat 144
56. Cukkini és parmezán briós Focaccia 146
57. Szárított paradicsomos és bazsalikomos briós tekercs 148
58. Brokkolis és Cheddar töltött briós zsemle...150
59. Karamellizált hagyma és Gruyère Brioche torta 152
60. Articsóka és Pesto Brioche Pinwheels 154
SAJTÓS BRIÓS 156
61. Sajtos briós 157
62. Sajtos körte briós 159
63. Napon szárított paradicsom és mozzarella briós....................................161
64. Parmezán és fokhagyma briós csomók 163
65. Bacon és Cheddar töltött briós 165
66. Jalapeño és Pepper Jack Brioche Rolls..167
67. Gouda és gyógynövényes briós 169
68. Kéksajt és diós briós 171
DIÓS BRIÓS 173
69. Édes briós mazsolával és mandulával...174
70. Diós pekándiós karamell briós 177
71. Mandulás és mézes briós tekercs 179
72. Dió- és juharszirupos briós csomók 181
73. Mogyorós csokoládé chips briós kavarog...183
74. Kesudió és narancshéjú briós 185

75. Pisztácia és málnalekvár briós csomók 187
76. Makadámdiós és kókuszos briós örvénylések 189
77. Mogyorós és eszpresszómázas briós 191
VIRÁGOS BRIÓS 193
78. Levendulás kukoricalisztes briós 194
79. Levendula mézes briós 196
80. Rózsaszirom és kardamom briós csomók 198
81. Narancsvirág és pisztácia briós kavarog 200
82. Kamilla és citromhéjú briós 202
83. Jázmin tea és őszibarack briós tekercs 204
84. Hibiszkusz és bogyós briós csomók 206
85. Ibolya és citromos briós kavarog 208
86. Bodzavirág és áfonyás briós 210
CHALLA BRIÓS 212
87. Kenyérgép Challah 213
88. Majonéz Challah 215
89. Hatfonatos Challah 217
90. Olajmentes Challah 220
91. Mazsola Challah 222
92. Puha Challah 224
93. Kovász Challa 227
94. Újévi Challa 230
95. Töltött Challah 234
96. Édes Challah 236
97. Nagyon vajas Challah 239
98. Vízi Challa 241
99. Csokoládé Swirl Challah 243
100. Sós fűszernövény és sajt challa 245
KÖVETKEZTETÉS 247

BEVEZETÉS

Induljon el a briós elragadó világába a "AZ VÉGSŐ BRIÓS KÉZIKÖNYV" című könyvvel, amely átfogó útmutató a tökéletes briós sütésének művészetének elsajátításához. Ez a szakácskönyv a gazdag, vajas és gyengéd finomságok ünnepe, amelyek ezt az ikonikus francia péksüteményt jellemzik. Szakértően kidolgozott receptek és lépésről-lépésre szóló útmutatások segítségével itt az ideje, hogy fejleszd sütési készségeidet, és átadd magad a mennyei briósok készítésének örömének saját konyhájában.

Képzelje el, ahogy a frissen sült briós illata betölti otthonát, és az aranyszínű kéreg átadja helyét a puha és szellős belső térnek. A "AZ VÉGSŐ BRIÓS KÉZIKÖNYV" több, mint receptek gyűjteménye; ez a jegyed a briós rajongóvá váláshoz, a technikák elsajátításához és a klasszikus péksütemény árnyalatainak megértéséhez. Akár tapasztalt pék, akár kezdő a konyhában, ezeket a recepteket aprólékosan megterveztük, hogy elkalauzoljanak egy finom utazásra a briós világában.

A hagyományos briós cipóktól az innovatív csavarokig és az elragadó variációkig minden recept a briós sokoldalúságáról és kényelméről tanúskodik. Akár egy kellemes hétvégi reggeliről, egy elegáns villásreggeliről vagy egy kellemes délutáni teáról álmodozik, ez a kézikönyv mindenre kiterjed.

Csatlakozzon hozzánk, amikor megfejtjük a briós sütés művészetét, feltárjuk a tökéletes kelesztés tudományát, a vaj tésztába laminálásának varázslatát, és a tészta készítésének örömét, amely egyben kulináris csoda és sütési képességeinek tanúja. Tehát melegítse elő a sütőt, porolja le a sodrófákat, és merüljön el a "AZ VÉGSŐ BRIÓS KÉZIKÖNYV" című könyvben, hogy megtegye a tökéletes sütést és a tiszta kényeztetést.

KLASSZIKUS BRIÓS

1.Fonott briós

ÖSSZETEVŐK:

- ⅓ csésze víz
- 2 nagy tojás
- 2 nagy tojássárgája
- ¼ font vaj vagy margarin
- 2½ csésze univerzális liszt
- 3 evőkanál cukor
- ½ teáskanál Só
- 1 csomag Aktív száraz élesztő

UTASÍTÁS:

a) Adja hozzá a hozzávalókat a kenyérsütőgép tepsibe a gyártó utasításai szerint.
b) Válasszon édes vagy tészta ciklust. 3. A ciklus végén kaparja fel a tésztát egy enyhén univerzális liszttel bevont deszkára. A tésztát 3 egyenlő részre osztjuk. Ha másfél kilós cipót készítünk, minden darabot feltekerünk, hogy körülbelül 12 hüvelyk hosszú kötelet képezzünk.
c) Egy 2 kilós cipóhoz tekerje fel az egyes darabokat, hogy körülbelül 14 hüvelyk hosszú kötelet képezzen. Fektessen párhuzamosan a köteleket körülbelül 1 hüvelyk távolságra egy kivajazott 14 x 17 hüvelykes sütőlapra.
d) Csípje össze a köteleket az egyik végén, lazán fonja be, majd csípje össze a fonat végét.
e) Fedjük le a cipót enyhén műanyag fóliával, és hagyjuk állni meleg helyen, amíg megpuhul, körülbelül 35 percig. Távolítsa el a műanyag fóliát.
f) Verjünk fel 1 nagy tojássárgáját 1 evőkanál vízzel. A fonatot megkenjük tojásos keverékkel.
g) Süssük a fonatot 350 F-os sütőben aranybarnára, körülbelül 30 perc alatt. Szeletelés előtt legalább 15 percig hűtsük le rácson. Forrón, melegen vagy hidegen tálaljuk.

2. Kovászos briós

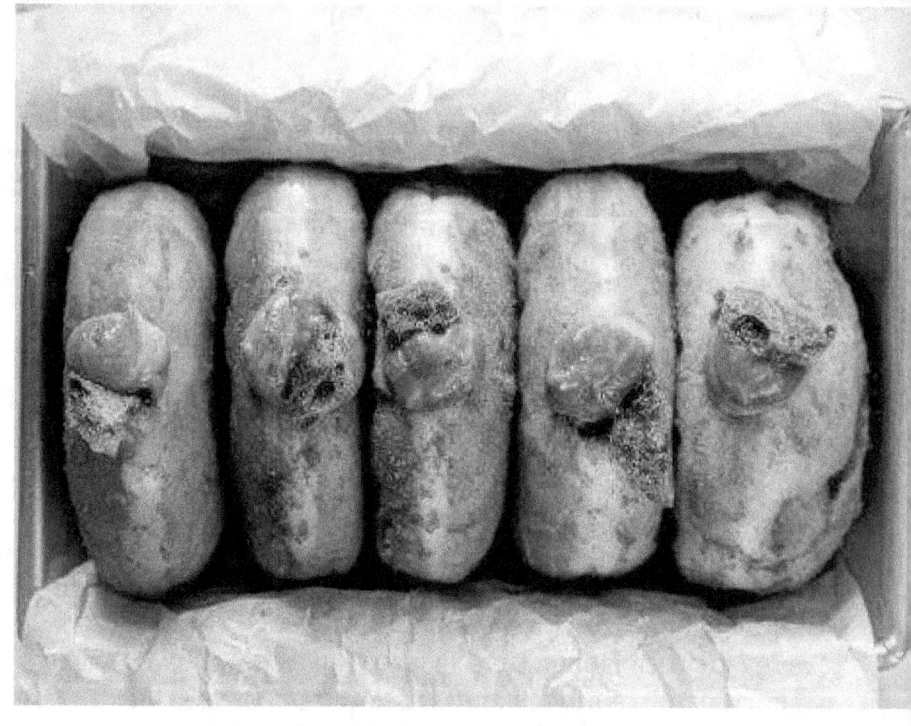

ÖSSZETEVŐK:
- 3½ oz. (100 g) búzakovászos előétel
- 3½ csésze (450 g) búzaliszt
- ⅓ csésze (75 ml) tej, szobahőmérsékletű 5¼ teáskanál (15 g) friss élesztő
- 5 tojás
- ⅓ csésze (75 g) cukor
- 1½ evőkanál (25 g) só
- 1½ csésze (350 g) sózatlan vaj, lágyítva
- 1 tojás a lekenéshez

UTASÍTÁS:
a) Keverjük össze a kovászt a búzaliszt felével, a tejjel és az élesztővel. Hagyja a keveréket körülbelül 2 órán át kelni.
b) Hozzáadjuk az összes hozzávalót a vaj kivételével és alaposan összedolgozzuk. Ezután apránként adjuk hozzá a vajat – körülbelül ¼ csészével (50 g) egyszerre. Jól összegyúrjuk.
c) Fedjük le egy ruhával, és hagyjuk kelni a tésztát körülbelül 30 percig.
d) Formázzunk húsz kis, sima zsemlét. Tegyük őket cupcake formákba, és hagyjuk kelni, amíg a duplájára nem nő. A zsemléket megkenjük tojással.
e) Süssük a briót 210 °C-on körülbelül 10 percig.

3.Miniatűr briós zsemle

ÖSSZETEVŐK:
INDÍTÓ:
- 1 csésze (140 g) gluténmentes kenyérliszt
- 2⅔ teáskanál (8 g) instant élesztő
- 1 evőkanál (12 g) cukor
- ½ csésze tej, leforrázva és 95°F-ra hűtve
- ¼ csésze plusz 2 evőkanál meleg víz (kb. 95°F)

TÖSZTA:
- 3 csésze (420 g) gluténmentes kenyérliszt
- 1 teáskanál (6 g) kóser só
- 1½ evőkanál méz
- 3 nagy tojás, szobahőmérsékleten, felverve
- 11 evőkanál (154 g) sózatlan vaj, szobahőmérsékleten
- Tojásmosás (1 nagy tojás, szobahőmérsékleten, 1 evőkanál tejjel felverve)

UTASÍTÁS:
KEZDŐNEK:

a) Egy közepes méretű tálban keverje össze a hozzávalókat, amíg jól össze nem áll. A keverék sűrű és formátlan lesz.

b) Fedjük le a tálat, és tegyük félre meleg, huzatmentes helyre, hogy kétszeresére keljen, ami körülbelül 40 percet vesz igénybe.

c) A tésztához:

d) Ha az előétel a duplájára nőtt, elkészítjük a tésztát. Helyezze a lisztet és a sót a keverőedénybe, és jól keverje össze.

e) Adjuk hozzá a mézet, a tojást, a vajat és a megkelt előételt a tálba. Alacsony sebességgel keverjük össze a tésztahoroggal.

f) Növelje a keverő sebességét közepesre, és dagasszon körülbelül 5 percig. A tészta ragacsos lesz, de sima és nyújtható.

g) Finoman permetezzen be egy szilikon spatulát étolaj spray-vel, és kaparja le az edény oldalát.

h) Tegye át a tésztát egy enyhén olajozott tálba vagy kelesztővödörbe, amely akkora, hogy a tészta a duplájára nőjön. Fedje le egy olajozott műanyag fóliával (vagy az olajozott tetejével a próbavödörhöz).

i) Helyezze a tésztát a hűtőszekrénybe legalább 12 órára, de legfeljebb 5 napra.

SÜTÉSI NAPON:

j) Tizenhat miniatűr briós formát vagy normál muffinsütőt jól kivajazunk, és egy peremes tepsire tesszük.

k) A tésztát enyhén lisztezett felületre borítjuk, és simára gyúrjuk.

l) Osszuk a tésztát tizenhat egyenlő részre, fokozatosan felezve. Formáljon minden darabot kerekre úgy, hogy az egyik darab kissé kisebb legyen, mint a másik. Helyezze a kisebb kört a nagyobbik tetejére mindegyik formába, enyhén nyomja meg, hogy összetapadjanak.

m) A tepsiben lévő formákat letakarjuk olajozott műanyag fóliával, és meleg, huzatmentes helyen kelesztjük, amíg a duplájára nem nő (kb. 1 óra).

n) Körülbelül 25 perccel a tészta kelése előtt melegítse elő a sütőt 350 °F-ra.

o) Ha a zsemle mérete a duplájára nőtt, távolítsa el a műanyag fóliát, kenje meg bőségesen a tetejét tojássárgájával, és helyezze a tepsit az előmelegített sütő közepére.

p) Süssük a zsemléket körülbelül 15 percig, vagy amíg enyhén aranybarnák nem lesznek, és regisztráljunk 185°F-ot a közepén egy azonnali leolvasható hőmérőn.

q) Tálalás előtt rövid ideig hagyjuk hűlni a zsemléket. Élvezze a miniatűr briós zsemlét!

CSOKIS BRIÓS

4. Kakaós briós reggeli zsemle

ÖSSZETEVŐK:
ELŐLÉPTETÉS
- 1⅓ csésze (160 g) univerzális liszt
- 1¼ csésze teljes tej
- 1 evőkanál. instant élesztő

TÉSZTA
- 1 nagy tojás
- 1¾ csésze teljes tej
- 1 evőkanál. instant élesztő
- ⅔ csésze (133 g) kristálycukor
- ½ csésze (42 g) cukrozatlan kakaópor
- 1 evőkanál. plusz 1 tk. kóser só
- 5½ csésze (687 g) univerzális liszt, plusz még több a felületre
- 2 evőkanál. sózatlan vaj, szobahőmérséklet, plusz 2¼ csésze (4¼ rúd) sótlan vaj, hideg, de nem hideg

KITÖLTÉS ÉS ÖSSZESZERELÉS
- Sózatlan vaj, szobahőmérséklet, serpenyőhöz
- Nyerscukor, serpenyőbe
- ⅓ csésze (csomagolt, 66 g) sötétbarna cukor
- 1 evőkanál. őrölt fahéj
- 1 tk. kóser só
- ⅓ csésze (66 g) kristálycukor, plusz még a feldobáshoz
- 3 oz. étcsokoládé, apró darabokra törve
- 1 nagy tojás

UTASÍTÁS:
ELŐLÉPTETÉS

a) Keverje össze a lisztet, a tejet és az élesztőt egy állványos mixer táljában (a keverék híg lesz, mint a tészta). Fedő nélkül, meleg helyen duplájára kelesztjük, körülbelül 1 óra hosszat.

TÉSZTA

b) Adja hozzá a tojást, a tejet és az élesztőt az előerjesztéshez, és csatlakoztassa az álló mixerhez. Illessze össze a tésztahoroggal, és alacsony sebességgel verje össze.

c) Adjon hozzá kristálycukrot, kakaóport, sót, 5½ csésze (687 g) univerzális lisztet és 2 evőkanál. szobahőmérsékletű vaj; alacsony sebességgel keverjük, amíg sima tésztát nem kapunk. Tegye át a tésztát egy nagy tálba, fedje le nedves

konyharuhával, és hagyja meleg helyen kelni, amíg a duplájára nem nő, körülbelül 1 órán keresztül.
d) Közben keverjen el 2¼ csésze (4¼ rúd) hideg vajat egy lapátos keverőlapátos keverő tiszta edényében alacsony sebességgel, amíg sima és kenhető, de még mindig hűvös nem lesz. Sütőpapírra borítjuk, és a vajat eltolt spatulával kis téglalappá formázzuk. Fedje le egy másik sütőpapírral, és nyújtsa ki a vajat 16x12"-es téglalappá. Hűtse le a vajat, amíg a tészta készen nem áll (a vajat hidegen szeretné tartani, de képlékeny; ne hagyja, hogy túl kemény legyen).
e) Nyújtsa ki a tésztát egy bőven lisztezett munkafelületre, és nyújtsa 24x12"-es téglalappá; úgy helyezze el, hogy egy rövid oldala maga felé nézzen. Nyissa ki a vajat, és helyezze a tészta tetejére úgy, hogy a széle mentén sorakozzon, és a tészta kétharmadát fedje le.
f) Hajtsa fel a tészta felső harmadát a vajra, majd hajtsa fel az alsó harmadát (mint egy betűt). Gyorsan, de óvatosan nyújtsa ki a tésztát ismét 24x12"-es téglalappá, lisztezze meg a munkafelületet és szükség szerint sodrófát, hogy elkerülje a ragadást. (Ha a tészta bármely ponton túl ragacsos lesz, vagy a vaj kezd olvadni, hűtse le 20 percre a hűtőben. és hagyja megszilárdulni, mielőtt folytatná.)
g) Hajtsa újra a tésztát harmadára, csomagolja viaszpapírba vagy műanyagba, és hűtse le 1 órát.
h) Vegye ki a tésztát a hűtőből, és ismételje meg még egyszer a görgetést és hajtogatást a fentiek szerint. Az összehajtott tésztát 3 egyenlő téglalapra vágjuk, és mindegyiket szorosan műanyagba csomagoljuk. Hűtsük le a felhasználásig.
i) Előre: A tészta 1 nappal előre elkészíthető. Hűtve tartandó, vagy fagyasztva 2 hónapig.

KITÖLTÉS ÉS ÖSSZESZERELÉS
j) Ha készen állsz zsemle sütésére, bőségesen kivajazd egy 6 csésze nagyméretű muffinsütő csészéit; minden csészét bőven megszórjuk nyerscukorral. Egy kis tálban keverje össze a barna cukrot, a fahéjat, a sót és a fél csésze (66 g) kristálycukrot.
k) 1 darab tésztával dolgozzon, csomagolja ki, és nyújtsa 12x6"-os, körülbelül ¾" vastagságú téglalappá. Vágja hat darab 6x2"-

es téglalapra. Egy rövid oldal tetejétől kezdődően vágjon 2 hosszirányú hasítékot egy téglalap alakú tésztába, hogy 3 egyenlő szálat kapjon. Fűzzünk szálakat, és szórjuk meg bőségesen barna cukorral. Tegyünk 2 vagy 3 kis csokoládédarabot a fonatra és tekercseljük fel, és halmozzuk fel magára. Helyezze a zsemlét a fonott oldalával felfelé az előkészített muffin tepsibe. Ismételje meg a maradék 5 téglalappal. A barna cukor keverék egyharmadát és a csokoládé egyharmadát használja, a maradék barna cukor keveréket és a csokoládét a maradék 2 tésztadarabhoz tartsa fenn.

l) Melegítsük elő a sütőt 375°-ra. Lazán takarja le a zsemléket konyharuhával vagy műanyag fóliával, és hagyja kelni, amíg kicsivel kevesebb, mint a duplájára nő, körülbelül 30 percig. (Alternatív megoldásként hagyja a zsemléket egy éjszakán át a hűtőben kelni, majd reggel süsse meg. Ha a zsemle nem kelt fel észrevehetően a hűtőben, hagyja szobahőmérsékleten 30-60 percig sütés előtt.)

m) Felverjük a tojást és 2 tk. vizet egy kis tálba. A zsemle tetejét megkenjük tojássárgájával, és kb. 35 percig sütjük, amíg a teteje megpuhul, és ropogós külső réteget nem kap. (A formázatlan zsemléknek kissé üregesnek kell lennie, ha megütögetjük.) Hagyja kihűlni a serpenyőben 2 percig, majd óvatosan emelje ki a serpenyőből, és tegye át egy rácsra. Addig hagyjuk állni, amíg a zsemlék elég kihűlnek ahhoz, hogy kezeljük.

n) Tegyünk egy kis kristálycukrot egy közepes tálba. Egyesével dolgozva dobja meg a zsemlét cukorral, és tegye vissza a rácsra. Hagyjuk teljesen kihűlni.

o) Ismételje meg a műveletet a maradék tésztadarabokkal, vagy a megmaradt fahéjas keveréket és a csokoládédarabokat külön-külön tárolja légmentesen záródó edényekben szobahőmérsékleten, amíg készen áll a maradék tészta sütésére.

5.Klasszikus csokoládé briós

ÖSSZETEVŐK:
A BRIÓS TÉSZTÁHOZ:
- 2 3/4 csésze (330 g) univerzális liszt
- 1 1/2 teáskanál (4 g) instant élesztő
- 3 evőkanál (29 g) kristálycukor
- 1 1/4 (7 g) teáskanál só
- 4 nagy (200 g) tojás, szobahőmérsékleten enyhén felverve
- 1/4 csésze (57 g) teljes tej, szobahőmérsékleten
- 10 evőkanál (140 g) sótlan vaj, szobahőmérsékleten
- Tojás mosás

A CSOKOLÁDÉ TÖLTELÉKHEZ:
- 4 uncia (113 g) sótlan vaj, szobahőmérsékleten
- 1/4 csésze (50 g) kristálycukor
- 1/3 csésze (40 g) kakaópor
- 1 evőkanál (21 g) méz
- 1/4 teáskanál (1,4 g) só

UTASÍTÁS:
A BRIÓSHOZ:
a) Egy állványos mixer táljában keverjük össze a lisztet, az élesztőt, a cukrot és a sót. Adjuk hozzá a tojást és a tejet. 5 percig közepes sebességgel keverjük.
b) Az oldalát kaparjuk le, ha ragacsos, adjunk hozzá lisztet, és folytassuk a keverést. Ismételje meg ezt a folyamatot még kétszer.
c) Alacsony fokozaton a mixerrel adjuk hozzá a vaj felét és keverjük össze. Lekaparjuk és hozzáadjuk a maradék vajat. Addig keverjük, amíg rugalmas és fényes nem lesz.
d) A tésztát lisztezett tálba tesszük, letakarjuk, és 1-2 órát kelesztjük. Nyomjuk ki a gázokat és tegyük hűtőbe egy éjszakára.

A CSOKIS TÖLTELÉKHEZ:
e) Mixer segítségével a lágy vajat habosra keverjük. Adjunk hozzá cukrot és verjük habosra. Keverje hozzá a kakaóport, a mézet és a sót, amíg el nem keveredik.

ÖSSZEGYŰLNI:
f) A tésztát négy részre osztjuk. Nyújtsa ki az egyik darabot 7" x 12"-es téglalappá.

g) Kenje meg a töltelék negyedét, hagyjon egy 1/2"-os szegélyt. Szorosan tekerje egy hasábba. Ismételje meg a többi darabbal.
h) Fagyassza le a rönköket 5 percre. Hosszában félbevágjuk, a tetejét vágatlanul hagyjuk. Fonjuk a tésztát.
i) Megkenjük vízzel, kör alakúra formázzuk, a végeit összecsípjük. Ismételje meg a maradék tésztával.
j) 1 óra bizonyítvány. Melegítse elő a sütőt 177 °C-ra.
k) Lekenjük tojással és aranybarnára sütjük, 20-25 perc alatt.

6.Csokoládé Briós Babka

ÖSSZETEVŐK:
TÖSZTA:
- 4 1/4 csésze (530 gramm) univerzális liszt, plusz a porozáshoz
- 1/2 csésze (100 gramm) kristálycukor
- 2 teáskanál instant élesztő
- Fél narancs reszelt héja
- 3 nagy tojás (enyhén felvert)
- 1/2 csésze víz (hideg, szükség esetén extra)
- 3/4 teáskanál finom tengeri vagy asztali só
- 2/3 csésze sótlan vaj (150 gramm vagy 5,3 uncia), szobahőmérsékleten
- Napraforgó vagy más semleges olaj, a tál kikenéséhez

TÖLTŐ:
- 4 1/2 uncia (130 gramm) jó étcsokoládé (vagy körülbelül 3/4 csésze étcsokoládé chips)
- 1/2 csésze (120 gramm) sótlan vaj
- Kevés 1/2 csésze (50 gramm) porcukor
- 1/3 csésze (30 gramm) kakaópor
- Csipet só
- 1/4 teáskanál fahéj (elhagyható)

SZIRUP MAZÁSHOZ:
- 1/4 csésze víz
- 4 evőkanál kristálycukor

UTASÍTÁS:
A TÉSZTA KÉSZÍTÉSE:
a) A keverőedényben keverje össze a lisztet, a cukrot és az élesztőt.
b) Adjunk hozzá tojást, 1/2 csésze vizet és narancshéjat. Keverjük össze a tésztafogóval, amíg össze nem áll. Adjon hozzá még vizet, ha szükséges.
c) Alacsony fokozaton a keverőt sózzuk, majd fokozatosan hozzáadjuk a vajat. Közepes sebességgel 10 percig simára keverjük.
d) Egy nagy tálat kenjünk meg olajjal, helyezzük bele a tésztát, fedjük le műanyag fóliával, és tegyük hűtőbe legalább fél napra, lehetőleg egy éjszakára.

KÉSZÍTSÜK EL A TÖLTETÉST:
e) A vajat és a csokoládét simára olvasztjuk. Ízlés szerint keverjük hozzá a porcukrot, a kakaóport, a sót és a fahéjat.
f) Tedd félre hűlni.

A NYERÉSEK ÖSSZEÁLLÍTÁSA:
g) A tészta felét enyhén lisztezett munkalapon 10 hüvelyk szélesre nyújtjuk.
h) A csokoládékeverék felét a tésztára kenjük, 1/2 hüvelykes szegélyt hagyva. A tésztát rönkgé sodorjuk, a megnedvesített végét lezárjuk.
i) Ismételje meg a folyamatot a tészta másik felével.
j) Vágja le a végeit, vágja félbe mindegyik rönköt hosszában, és fektesse egymás mellé a pultra. Csavarja össze őket.
k) Tegye át minden csavart az előkészített cipóformákba. Fedjük le és hagyjuk kelni 1-1 1/2 órát szobahőmérsékleten.

SÜTÉS ÉS VÉGEZÉS A KENYÉREK:
l) Melegítse elő a sütőt 375 °F-ra (190 °C). 25-30 percig sütjük, ellenőrizzük a készséget.
m) Az egyszerű szirupot a cukor és a víz feloldódásáig főzzük. A babkákat azonnal megkenjük a sziruppal, amint elhagyják a sütőt.
n) Félig kihűtjük a serpenyőben, majd hűtőrácsra tesszük, hogy befejezzük a hűtést.
o) A babkák szobahőmérsékleten néhány napig elállnak, vagy hosszabb tároláshoz lefagyaszthatóak.

7. Dupla csokoládé briós kenyér

ÖSSZETEVŐK:
CSOKIS BRIÓS TÖSZTA:
- 2 1/2 csésze univerzális liszt
- 1/3 csésze cukrozatlan kakaópor
- 1/4 csésze kristálycukor
- 2 1/4 teáskanál aktív élesztő (1 csomag)
- 1 teáskanál só
- 3/4 csésze teljes tej
- 1 nagy tojás
- 4 evőkanál vaj

Csokoládé töltelék:
- 4 evőkanál szobahőmérsékletű vaj
- 1/3 csésze barna cukor, csomagolva
- 1 evőkanál cukrozatlan kakaópor
- 1 teáskanál eszpresszópor
- 2 uncia étcsokoládé, apróra vágva

EGYÉB:
- 2 evőkanál vaj, lágyítva (a tepsi elkészítéséhez)
- 1 evőkanál kristálycukor (a tepsi elkészítéséhez)

UTASÍTÁS:
a) Egy nagy tálban keverjen össze 4 evőkanál vajat és 3/4 csésze teljes tejet. Addig melegítjük, amíg a vaj teljesen elolvad.
b) Hagyja kihűlni a vajat és a tejet 100-110 fokra. Adjunk hozzá 1/4 csésze kristálycukrot és 1 csomag aktív száraz élesztőt. Körülbelül 10 percig állni hagyjuk, amíg az élesztő felpezsdül és felhabosodik.
c) 1 tojást verj a tálba.
d) Szitáljon a tálba 2 1/2 csésze univerzális lisztet, 1/3 csésze cukrozatlan kakaóport és 1 teáskanál sót. Addig keverjük, amíg tészta képződni nem kezd.
e) Vigye át a tésztát lisztezett felületre, és dagasszon körülbelül 5 percig.
f) Tegye át a tésztát egy nagy, enyhén zsírozott üvegtálba. Fedje le szorosan műanyag fóliával, és hagyja pihenni 60-90 percig, vagy amíg a duplájára nem nő.
g) A tésztát nagy téglalappá nyújtjuk. A teljes felületet megkenjük 4 evőkanál puha vajjal.

h) Egy kis edényben keverj össze 1/3 csésze barna cukrot, 1 evőkanál cukrozatlan kakaóport és 1 teáskanál eszpresszóport. Szórjuk meg a keverékkel a teljes felületet, majd adjunk hozzá 2 uncia apróra vágott étcsokoládét.
i) A tésztát szorosan feltekerjük, mint egy fahéjas tekercset, és a varratokat összecsípjük. A megsodort tésztát hosszában, varrattal lefelé helyezzük.
j) A kinyújtott tésztát kettévágjuk és befonjuk.
k) Készítsen elő egy 9"x5"-es cipóformát úgy, hogy az egész belsejét bekenje 2 evőkanál lágy vajjal és megszórja 1 evőkanál kristálycukorral.
l) Tegye át a fonott cipót az előkészített tepsibe, a végeit dugja alá. Fedjük le műanyag fóliával, és hagyjuk 45 percig meleg helyen pihenni.
m) Melegítsük elő a sütőt 350 fokra. Ha a tészta megkelt, süssük 25-28 percig, amíg a teteje meg nem szilárdul és tapintásra szilárd lesz.
n) Helyezze a kenyérsütőt egy hűtőrácsra 10 percre, majd helyezze át a cipót közvetlenül a rácsra, hogy teljesen kihűljön. Élvezze a dupla csokis brióst!

8.Gluténmentes briós vagy csokoládé

ÖSSZETEVŐK:
Édes tészta:
- 1¾ csésze (245 g) Kim gluténmentes kenyérliszt keverék
- ½ csésze (100 g) kristálycukor
- 1 teáskanál sütőpor
- 1 evőkanál plusz ¾ teáskanál (12 g) instant élesztő
- 1 evőkanál (5 g) egész psyllium pelyva (vagy 1½ teáskanál psyllium héjpor)
- ½ teáskanál kóser só
- ¾ csésze (180 ml) teljes tej
- 6 evőkanál (85 g) vaj, nagyon puha vagy olvasztott
- 1 nagy tojás, szobahőmérsékleten

PÜTEMÉNYKRÉM:
- ½ csésze (120 ml) teljes tej
- ½ csésze (120 ml) tejszín
- 3 nagy tojássárgája
- ¼ csésze (50 g) kristálycukor
- 2 evőkanál (15 g) kukoricakeményítő
- 1 teáskanál vaníliakivonat, vaníliarúd massza, vagy 1 vaníliarúd, kikapart magok
- 1 evőkanál vaj, megpuhult

ÖSSZESZERELÉS:
- 4 uncia (113 g) félédes vagy étcsokoládé, durvára vágva
- ¼-½ teáskanál őrölt fahéj, opcionális

UTASÍTÁS:
TÉSZTA KÉSZÍTÉS:
a) Keverje össze az összes hozzávalót egy nagy keverőtálban, és 5 percig verje vagy gyúrja, amíg jól össze nem áll.
b) Hagyja keleszteni a tésztát, amíg duplájára nem nő, 1-2 órát. A tésztát legalább 6 órára, lehetőleg egy éjszakára hűtőbe tesszük.

KÉSZÍTSÜK KÉSZÍTÉSI KRÉMET:
c) A teljes tejet és a tejszínt felforraljuk. A tojássárgáját, a cukrot, a kukoricakeményítőt és a vaníliát kemény habbá verjük és szalagszerűvé verjük.

d) Lassan öntsünk egy keveset a tejes keverékből a tojássárgás keverékhez, erőteljesen keverjük. Lassan adjuk hozzá a maradék tejet.
e) A keveréket visszaöntjük a serpenyőbe, és folyamatosan keverjük, amíg besűrűsödik.
f) Levesszük a tűzről, habosra keverjük a vajat és a vaníliát. Hűtőbe tesszük műanyag fóliával a krémhez érve.

A TEkercsek ÖSSZEÁLLÍTÁSA:

g) A tésztát jól lisztezett felületen rövid ideig simára gyúrjuk.
h) 10 x 14 hüvelykes, körülbelül ¼ hüvelyk vastagságú téglalappá tekerjük.
i) A kihűlt tészta krémet megkenjük a tésztával. Megszórjuk apróra vágott csokoládéval és fahéjjal (ha szükséges).
j) Szorosan tekercs, zselés tekercs módra. Nyújtsa ki egy kicsit hosszabbra a rönköt a közepétől.
k) Vágjuk 8 egyenlő részre. Ha túl ragadós, 10 percre lefagyasztjuk.
l) Helyezze a tekercseket egy tepsibe, fedje le, és hagyja kelni, amíg a duplájára nem kel, 30 perctől egy óráig.
m) Melegítse elő a sütőt 350 °F-ra.
n) Távolítsa el a műanyag fóliát, és süsse körülbelül 30 percig, vagy amíg aranybarna nem lesz.
o) Melegen tálaljuk. Élvezze a gluténmentes briós au csokit!

9. Csokoládé Brioche Chinois

ÖSSZETEVŐK:
A BRIÓS TÉSZTÁHOZ:
- 375 g liszt
- 8 g só
- 40 g cukor
- 15 g friss sütőélesztő
- 4 egész tojás, szobahőmérsékleten
- 190 g sótlan vaj, lágyított
- 2 evőkanál víz, meleg

A TÖLTETÉSHEZ:
- 300 g vaníliás krémes pástétom
- 3 cl sötét rum
- 150 g étcsokoládé chips

A BEFEJEZÉSRE:
- 1 tojássárgája (mázhoz)
- Porcukor

UTASÍTÁS:
BRIÓS TÉSZTA KÉSZÍTÉSE:
a) Keverje össze a lisztet, a cukrot és a sót az állványkeverőben.
b) Az élesztőt meleg vízben hígítjuk, és félretesszük.
c) A liszt közepére tegyük a tojásokat, és a tésztafogóval dagasszuk, amíg tészta nem lesz.
d) Hozzáadjuk a maradék tojást, és addig gyúrjuk, amíg a tészta sima nem lesz.
e) Hozzáadjuk a lágy vajat és a hígított élesztőt, simára gyúrjuk.
f) Hagyja a tésztát kelni, amíg a duplájára nem nő (1,5-2 óra).
g) A tésztát legalább 6 órára, lehetőleg egy éjszakára hűtőbe tesszük.

KÉSZÍTSÜK KÉSZÍTÉSI KRÉMET:
h) A teljes tejet és a tejszínt felforraljuk.
i) A tojássárgáját, a cukrot, a kukoricakeményítőt és a vaníliát kemény habbá verjük.
j) Lassan öntsünk egy keveset a tejes keverékből a tojássárgás keverékhez, erőteljesen keverjük.
k) A keveréket visszaöntjük a serpenyőbe, folyamatosan keverjük, amíg besűrűsödik.
l) A vajat és a vaníliát habosra keverjük, majd a tejszínnel érintkező műanyag fóliával hűtőbe tesszük.

BRIÓS ÖSSZESZERELÉSE:

m) A tésztát két részre osztjuk, az egyik 200 grammos, a másik körülbelül 600 grammos.
n) A kisebb részt kinyújtjuk úgy, hogy egy kerek tortaforma alját kibéleljük.
o) A nagyobbik részét téglalap alakúra nyújtjuk és megkenjük tésztakrémmel, csokireszelékkel, majd feltekerjük.
p) Vágjuk a tekercset 7 egyenlő részre, és helyezzük el a tortaformába.
q) Hagyjuk keleszteni, amíg a tekercsek meg nem töltik a formát.
r) A felületet megkenjük tojással és 180°C-on kb 25 percig sütjük.
s) Ha kihűlt, szórjuk meg porcukorral.

FŰSZERES BRIÓS

10.Vaníliás briós

ÖSSZETEVŐK:
- 3 Boríték aktív száraz élesztő
- ½ csésze meleg tej (kb. 110 fok)
- 1 vaníliarúd, hasítva
- 5 csésze liszt
- 6 tojás
- ½ csésze meleg víz (110 fok)
- 3 evőkanál cukor
- 2 teáskanál Só
- 3 rúd plusz 2 evőkanál Vaj, szobahőmérsékletű
- 1 tojássárgája, felvert

UTASÍTÁS:
a) Melegítsük elő a sütőt 400 F-ra. Egy kis tálban keverjük össze az élesztőt és a tejet, és keverjük fel, hogy az élesztő feloldódjon.
b) Adjunk hozzá 1 csésze lisztet és keverjük jól össze. Késsel kaparjuk ki a vaníliarudat, és keverjük hozzá a pépet az élesztős keverékhez.
c) Hagyja szobahőmérsékleten, meleg, huzatmentes helyen körülbelül 2 órán át állni az erjedés érdekében.
d) Tegyen 2 csésze lisztet egy nagy keverőtálba. Egyenként adjunk hozzá 4 tojást, fakanállal alaposan keverjük bele a lisztbe. A tészta ragacsos, sűrű és szivacsos lesz.
e) Adjuk hozzá a vizet, a cukrot és a sót, és alaposan keverjük össze, erőteljesen verjük. Adjunk hozzá 3 rúdnyi vajat, és kézzel dolgozzuk a tésztába, amíg jól el nem keveredik. Hozzáadjuk a maradék 2 tojást, és jól keverjük a tésztához. Adjuk hozzá a maradék 2 csésze lisztet, és keverjük a tésztához, ujjainkkal törjük szét az esetleges csomókat. Adjuk hozzá az élesztős keveréket.
f) Kézzel összegyúrjuk és a tésztába hajtjuk az indítót. Folytassa a dagasztást és hajtogatást, amíg minden jól el nem keveredik, körülbelül 5 percig. A tészta ragacsos és nedves lesz. Tiszta ruhával letakarjuk, és meleg, huzatmentes helyen kelesztjük, amíg a duplájára nem nő, körülbelül 2 órán keresztül.

g) Kenyér készítéséhez enyhén kivajazz két 9x5x3 hüvelykes tepsit a maradék 2 evőkanál vajjal. Tekercsek készítéséhez 12 normál méretű muffinpoharat vajazz ki. Az ujjaival enyhén nyomkodja le a tésztát. A tésztát 2 egyenlő részre osztjuk és a tepsibe tesszük.
h) A tekercsekhez osszuk el a tésztát 12 egyenlő részre, és tegyük a muffinformákba. A tetejét megkenjük tojássárgájával. Letakarva, meleg, huzatmentes helyen kelesztjük, amíg a duplájára nem nő, kb 1 óra.
i) Süssük a cipókat 25-30 percig, a tekercseket 20 percig, vagy amíg aranybarna nem lesz. Vegye ki a serpenyőket a sütőből, és rácsokon hűtse ki. Fordítsa ki a cipókat vagy tekercseket a serpenyőkből, és teljesen hűtse le a rácson.

11. Fahéjas briós

ÖSSZETEVŐK:

- 1 csomag Száraz élesztő
- 1 evőkanál cukor
- ¼ csésze meleg tej
- 2 csésze Liszt
- 1 teáskanál Só
- ¼ csésze fagyasztott vaj, darabokra vágva
- 2 tojás
- 2 evőkanál olvasztott vaj
- 2 evőkanál cukorral keverve
- 2 teáskanál fahéj

UTASÍTÁS:

a) Szórjunk meg mazsolát például a fahéjas cukorra. Vagy szórjuk meg a kinyújtott tésztát csokireszelékkel, ugyanígy hajtsuk össze, és finom pain au chocolat lesz a vége. Vagy kend meg a tésztát bármilyen gyümölcslekvárral... megkapod a képet.

b) Egy kis tálban keverjük össze az élesztőt, a cukrot és a tejet. Tedd félre a bizonyításra.

c) Konyhai robotgépben keverje össze a lisztet, a sót és a vajat, és a hüvelyeseket, hogy a vajat finomra vágja. Újra hozzáadjuk az élesztős keveréket és az élesztőt, majd hozzáadjuk a tojásokat, és addig dolgozzuk, amíg a tészta golyóvá gyűlik, amely tisztán elválik a munkatál szélétől, és körbe-körbe kerül a penge tetején. A folyamat 1 perc. Ezután vegye ki a labdát az enyhén lisztezett deszkáról, és dagasszon 1-2 percig simára.

d) A tésztából sima golyót formázunk, és enyhén olajozott tálba tesszük, megfordítva, hogy a labda minden oldalát bevonja. Lazán fedje le műanyag fóliával. Tedd félre meleg helyre, hogy a duplájára keljen, körülbelül 1,5-2 órán keresztül.

e) Alternatív megoldásként helyezze a gyúrt tésztagolyót enyhén lezárt műanyag zacskóba, és hűtse le egy éjszakára. A tészta lassan kelni fog a műanyag zacskóban, és csak szobahőmérsékletre kell melegíteni, mielőtt kinyújtjuk.

f) Ha megkelt, a tésztát kinyomkodjuk és téglalap alakúra lapítjuk. Enyhén lisztezett deszkán nyújtsa ki ½ hüvelykes vastagságúra. Ha a tészta négyzet alakú, vágja félbe. Kenje meg a tetejét olvasztott vajjal, és szórja meg fahéjas cukorral. Hajtsa be a tészta téglalap hosszú oldalát ⅔-ig a tésztán.

g) Hajtsa rá a maradék tészta egyharmadát a levélben leírtak szerint. A tetejét megkenjük vajjal és újra megszórjuk fahéjas cukorral. Vágja 2" széles szeletekre, tegye át zsírtalan tepsire. Hagyja újra kelni, amíg puffadt lesz, 15-20 percig.

h) 350 fokon sütjük. 20-30 perc, amíg világosbarna nem lesz.

12.Chile paprika briós

ÖSSZETEVŐK:
- 3½ csésze univerzális liszt
- 1 csomag Aktív száraz élesztő
- ½ teáskanál Őrölt szárított piros chili
- 1 evőkanál langyos víz
- 1½ evőkanál cukor
- 1½ teáskanál Só
- ½ teáskanál Frissen őrölt fekete bors
- ¼ csésze piros kaliforniai paprika; őrölt, darált, pörkölt és hámozott, szobahőmérsékleten
- ½ font sótlan, lágyított vaj; apró darabokra vágva, plusz
- 2 evőkanál sótlan lágy vaj
- ⅓ csésze darált; pörkölt és friss hámozott poblano chili szobahőmérsékleten
- 5 tojás szobahőmérsékleten
- 2 evőkanál Tej

UTASÍTÁS:
a) Egy elektromos keverő edényében keverje össze a lisztet, cukrot, élesztőt, sót, őrölt chilit és fekete borsot; jól verni. Röviden keverje alacsony sebességgel. Növelje a sebességet közepesre, és adjon hozzá vizet, tejet, poblano chilit és kaliforniai paprikát; jól verni.
b) Egyenként adjuk hozzá a tojásokat, minden hozzáadás után jól keverjük össze. Váltsunk tésztahorogra, és gyúrjuk három percig.
c) A tészta nagyon ragacsos lesz. Adja hozzá a vajat a tésztához, egyenként, és folytassa a dagasztást, amíg a tészta sima és fényes nem lesz, és a vaj teljesen bele nem épül, 10-20 percig. Tegye át a tésztát egy enyhén kivajazott tálba, és fordítsa meg a tésztát, hogy egyenletesen bevonja a vajjal.
d) Fedjük le a tálat műanyag fóliával, és hagyjuk a tésztát meleg helyen kelni, amíg duplájára nem nő, körülbelül három órán keresztül. A tésztát kiszaggatjuk, és enyhén lisztezett felületre borítjuk.
e) Erősen lisztezett kézzel dagasztjuk öt percig. Tegyük vissza egy kivajazott tálba, és fordítsuk meg a tésztát, hogy

egyenletesen bevonódjon; fedjük le és hűtsük le a tésztát legalább hat órára vagy egy éjszakára a hűtőszekrényben.
f) A tésztát kivesszük a hűtőből, és a hideg tésztából két kis cipót formázunk.
g) Helyezzen két kivajazott, 4x9 hüvelykes cipóformába, fedje le konyharuhával, és hagyja meleg helyen kelni, amíg a tészta meg nem tölti a cipóformákat, és finom nyomásra nem ugrik vissza, körülbelül egy órán keresztül. Melegítsük elő a sütőt 375 fokra.
h) Süssük a cipókat a sütő közepén, amíg aranybarnák nem lesznek, és koppintáskor üregesek, körülbelül 30 perc alatt.
i) Vegye ki a cipókat a sütőből, és fordítsa rácsra hűlni.

13. Fűszeres briós homoktövis túróval

ÖSSZETEVŐK:
- 1/2 briós cipó
- 125 g porcukor
- 25 g őrölt kardamom
- 20 g őrölt fahéj
- 5 g őrölt szerecsendió
- 2 evőkanál repceolaj
- Homoktövis túró:
- 35 ml homoktövislé
- 185 g porcukor
- 1 tojás
- 55 g sós vaj
- 10 g kukoricaliszt

UTASÍTÁS:
a) Meredek homoktövis lé 100 g cukorral 30 percig.
b) A homoktövis keveréket hideg serpenyőben összedolgozzuk a többi hozzávalóval, közepes lángon 6 percig keverjük.
c) Vegyük le a tűzről, keverjük további percig.
d) Ügyeljen arra, hogy a hőmérséklet 80-85°C között legyen, és fedővel lehűtse, hogy megakadályozza a bőrképződést.
e) Melegítsük elő a sütőt 180°C-ra/gáz jelzés 4.
f) Szeletelje fel a briós cipót, és vágjon ki 8 darab 4 x 4 cm-es kockát.
g) Keverje össze alaposan az összes fűszerezett briós hozzávalót (a briós kivételével).
h) A brióskockákat kevés repceolajon mindkét oldalukon aranybarnára sütjük.
i) Forgassuk meg a kockákat a fűszeres cukorral.
j) Sütőpapíros tepsire tesszük és 10-15 percig sütjük, vagy amíg megpirul.
k) Tálaljuk a melegen fűszerezett brióskockákat egy kis tálkával az elkészített mártogatós túróval.

14. Fűszeres briós Hot Cross Buns

ÖSSZETEVŐK:
TÉSZTA
- 600 g sima liszt és még több a dagasztáshoz
- 75 g porcukor
- 1 teáskanál só
- 7 g könnyen süthető instant élesztő
- 2 tk őrölt fahéj
- 1/2 tk őrölt szegfűbors
- 1/2 teáskanál őrölt gyömbér
- 1/4 teáskanál őrölt szerecsendió
- 125 ml teljes vagy félzsíros tej
- 4 nagy tojást felvert
- 150 g szultán
- 175 g sózatlan szobahőmérsékletű vaj
- 80 g vegyes héja
- 2 narancs - héja

KERESZT
- 100 g sima liszt
- 90 ml víz

ZOMÁNC
- 2 evőkanál porcukor
- 2 evőkanál forralt víz

UTASÍTÁS:
A TÉSZTÁHOZ:
a) A lisztet, a cukrot, a sót, az élesztőt és a fűszereket egy nagy tálba tesszük, majd szilikon spatulával összekeverjük. Ezután mélyedést készítünk a közepébe, és beleöntjük a tejet és a felvert tojásokat. A spatulával addig keverjük, amíg durva tészta nem lesz. Ezután lisztezzük meg a munkafelületet, és a tésztát a tálból kivéve 5 percig dagasztjuk, amíg a tészta sima bőrt kap. Ezután hagyjuk pihenni öt percig.
b) Közben a szultánokat egy kis hőálló tálba tesszük, és felöntjük forrásban lévő vízzel. Majd tedd félre.
c) Adjuk hozzá a vajat a tésztához, egy-egy evőkanálnyit, közben dagasztjuk, hogy a vaj teljesen összeolvadjon. Néhányszor újra kell lisztezni a munkafelületet, mert a tészta nagyon ragadós lesz. (Ha van tésztakaparója, ez is segít a tészta

manőverezésében.) Ez a folyamat körülbelül 10-15 percet vesz igénybe.
d) Ha az összes vajat összedolgozta, folytassa a tésztát további 10 percig, amíg a tészta sima és rugalmas lesz, és már nem ragad.
e) A szultánokat alaposan lecsepegtetjük, majd belekeverjük a vegyes héjat és narancshéjat. Ezután kissé elsimítjuk a tésztát, és a gyümölcsre szórjuk. Gyúrjuk össze egy kicsit a tésztát, hogy a gyümölcs jól összeérjen – a tészta kissé nedves lesz. Egy nagy tálat enyhén kiolajozunk, beletesszük a tésztát és lefedjük egy fóliával. Meleg helyen legalább egy órát kelesztjük, amíg a tészta a duplájára nő.
f) Döntse ki a megkelt tésztát egy enyhén lisztezett munkafelületre, és enyhén ütögesse vissza, hogy kiengedje a levegőt. Ezután 12 egyenlő részre osztjuk, és golyókat formázunk belőle. Helyezze a golyókat egy bélelt tepsire, ahol van egy kis hely a növekedéshez. Ezután 45 percig meleg helyen kelesztjük, amíg fel nem duzzad. Közben előmelegítjük a sütőt 220C/200C ventilátor/gázjel 7-re.

A KERESZTEKHEZ:
g) Amíg a zsemlék kelnek, a lisztet és a vizet egy kis tálban jól összekeverve készítsük el a tésztát. Ezután helyezze egy csőzsákba, és vágja le a végét, hogy egy közepes lyukat hozzon létre.
h) Miután a zsemlék beváltak, húzzunk függőleges és vízszintes vonalakat minden zsemlét. Ezután 20 perc alatt aranybarnára sütjük.

A MÁZHOZ:
i) Ha a zsemlék már majdnem készen sültek, egy kis tálban keverjük össze a forrásban lévő vizet és a cukrot.
j) Vegyük ki a zsemléket a sütőből, majd cukros ecsettel kenjük le a mázat még forrón.
k) Ezután hűtőrácson hagyjuk kihűlni.

15. Chai fűszerezett briós cipó

ÖSSZETEVŐK:
A BRIÓSHOZ:
- 250 ml (1 csésze) tej
- 1 1/2 evőkanál laza levelű chai tea
- 6 kardamom hüvely, zúzódások
- 1 fahéjrúd
- 2 csillagánizs
- 2 tk finomra reszelt narancshéj
- 7 g tasak szárított élesztő
- 70 g (1/3 csésze) nyers porcukor
- 2 tojás
- 400 g (2 2/3 csésze) sima kenyérliszt
- 100 g vaj, szobahőmérsékleten, 1 cm-es darabokra vágva

A TÖLTETÉSHEZ:
- 150 g pisztácia enyhén pirítva
- 150 g vaj, szobahőmérsékleten
- 70 g (1/3 csésze) nyers porcukor
- 55 g (1/4 csésze) szorosan csomagolt barna cukor
- 80 g sima liszt
- 2 tk őrölt gyömbér
- 2 tk őrölt fahéj
- 1/4 teáskanál őrölt kardamom
- 1/4 teáskanál őrölt szegfűszeg
- 1 evőkanál mák

A MÁZHOZ:
- 2 evőkanál nyers porcukor
- 2 evőkanál víz
- 2 tk laza levelű chai tea

UTASÍTÁS:
LÁNCOS TEJ:
a) Keverje össze a tejet, a chai teát, a kardamomot, a fahéjat, a csillagánizst és a narancshéjat egy serpenyőben.

b) Forraljuk fel, majd pároljuk 2 percig. Tegye félre 15 percre, hogy megérjen, és kissé hűtse le. Szűrjük át szitán egy kancsóba.

Élesztőkeverék:
c) Az élesztőt és az 1 evőkanál cukrot a tejes keverékhez keverjük.
d) Hagyja állni 10 percig, amíg habos nem lesz. Belekeverjük a tojást.

BRIÓS TÖSZTA:
e) A lisztet és a maradék cukrot összedolgozzuk.
f) Hozzáadjuk a tejes keveréket, és addig dolgozzuk, amíg a tészta összeáll.
g) Járó motor mellett fokozatosan adagolja hozzá a vajat, amíg puha, ragacsos tésztát nem kap.
h) A tésztát lisztezett felületre borítjuk, simára gyúrjuk, és 1 órát kelesztjük, amíg duplájára nő.

TÖLTŐ:
i) A pisztáciát finomra vágjuk.
j) Adjuk hozzá a vajat, a cukrot, a lisztet, a gyömbért, a fahéjat, a kardamomot és a szegfűszeget. Addig dolgozzuk, amíg össze nem keverjük.

ÖSSZESZERELÉS ÉS BIZONYÍTÁS:
k) Nyújtsuk ki a tésztát 50 cm x 30 cm-es téglalappá.
l) Megkenjük a töltelékkel és megszórjuk mákkal.
m) Forgassa rönkké, vágja félbe hosszában, és keresztbe vágja a felét a csavar hatás érdekében.
n) Kivajazott tepsibe tesszük, lefedjük, és 45 percig kelesztjük.

SÜTÉS:
o) Melegítsük elő a sütőt 180C/160C légkeverésesre.
p) Süssük 55 perctől 1 óráig, vagy amíg aranybarna nem lesz, és egy nyárs tisztán ki nem jön.

CHAI GLAZE:
q) Egy serpenyőben keverje össze a cukrot, a vizet és a chai teát. Addig pároljuk, amíg a cukor feloldódik és a keverék kissé besűrűsödik.
r) Kenjük meg a forró cipót chai mázzal.
s) Hagyja kissé hűlni a serpenyőben 15 percig, mielőtt melegen tálalja.

16.Cukor és Fűszer Briós

ÖSSZETEVŐK:
A BRIÓS TÉSZTÁHOZ:
- 2 1/4 csésze (315 g) univerzális liszt
- 2 1/4 csésze (340 g) kenyérliszt
- 1 1/2 csomag (3 1/4 teáskanál) aktív száraz élesztő
- 1/2 csésze plusz 1 evőkanál (82 g) cukor
- 1 evőkanál só
- 1/2 csésze (120 g) hideg víz
- 5 nagy tojás
- 1 csésze plusz 6 evőkanál (2 3/4 rúd/310 g) sótlan vaj szobahőmérsékleten, körülbelül 12 darabra vágva

A FELTÉTHEZ:
- 1/2 csésze (100 g) cukor
- 1/2 tk őrölt fahéj
- 1/4 teáskanál őrölt gyömbér
- 1/4 teáskanál őrölt szerecsendió
- Csipet őrölt szegfűszeg
- Csipet só
- 1/4 csésze (56 g) sózatlan vaj, olvasztott

UTASÍTÁS:
A BRIÓS TÉSZTÁHOZ:
a) A tésztahoroggal felszerelt állványkeverőben keverje össze az univerzális lisztet, kenyérlisztet, élesztőt, cukrot, sót, vizet és tojást.
b) Lassú sebességgel verjük 3-4 percig, amíg a hozzávalók össze nem állnak.
c) Folytassa a verést alacsony sebességgel további 3-4 percig; a tészta kemény és száraz lesz.
d) Alacsony sebesség mellett egyenként adjon hozzá vajat, ügyelve arra, hogy minden darab teljesen elkeveredjen, mielőtt hozzáadná a következőt.
e) Keverje alacsony sebességgel körülbelül 10 percig, időnként kaparja meg az edény oldalát és alját.
f) Növelje a sebességet közepesre; 15 percig verjük, amíg a tészta ragacsos, puha és fényes lesz.
g) Növelje a sebességet közepesen magasra; verjük körülbelül 1 percig, amíg a tészta rugalmas lesz.

h) Tegye a tésztát egy nagy olajozott tálba, fedje le műanyag fóliával, és hagyja dermedni a hűtőszekrényben legalább 6 órára vagy egy éjszakára. A tészta ekkor akár 1 hétig is lefagyasztható.

BRIÓS ZSÜMÉKHEZ:
i) Vegyük ki a tészta felét, ha készen állunk a zsemle elkészítésére.
j) Egy 12 csésze normál muffinsütőt 10 csészével kibélelünk papírbéléssel vagy vajjal és liszttel.
k) Lisztezett felületen a tésztát 10 x 5 hüvelykes téglalappá nyomkodjuk.
l) Vágja a tésztát 10 egyenlő, 1 x 5 hüvelykes csíkra, majd mindegyik csíkot vágja 5 darabra, így 50 négyzetet kap.
m) Helyezzen 5 négyzetet minden muffinpohárba, fedje le műanyag fóliával, és hagyja meleg helyen kelni körülbelül 1,5 órán keresztül, amíg puffadt és puha nem lesz.
n) Melegítse elő a sütőt 350 °F-ra; 25-35 perc alatt aranybarnára sütjük.
o) Hagyja a zsemlét 5-10 percig hűlni egy rácson.

A FELTÉTHEZ:
p) Egy kis tálban keverjük össze a cukrot, a fűszereket és a sót.
q) Kenjük meg a zsemle tetejét olvasztott vajjal, és forgassuk bele a cukros keverékbe, hogy egyenletesen bevonódjon.
r) A zsemléket a legjobb a sütés után 4 órán belül tálalni. Légmentesen záródó edényben legfeljebb 1 napig tárolhatók, majd 300 °F-os sütőben 5 percig újramelegíthetők.

17.Kurkumával fűszerezett briós zsemle

ÖSSZETEVŐK:
A BRIÓS TÉSZTÁHOZ:
- 2 1/4 csésze (315 g) univerzális liszt
- 2 1/4 csésze (340 g) kenyérliszt
- 1 1/2 csomag (3 1/4 teáskanál) aktív száraz élesztő
- 1/2 csésze plusz 1 evőkanál (82 g) cukor
- 1 evőkanál só
- 1/2 csésze (120 g) hideg víz
- 5 nagy tojás
- 1 csésze plusz 6 evőkanál (2 3/4 rúd/310 g) sótlan vaj szobahőmérsékleten, körülbelül 12 darabra vágva
- 1 1/2 teáskanál őrölt kurkuma (az élénk színért és a finom fűszerért)

A FELTÉTHEZ:
- 1/2 csésze (100 g) cukor
- 1/2 tk őrölt fahéj
- 1/4 teáskanál őrölt gyömbér
- 1/4 teáskanál őrölt szerecsendió
- Csipet őrölt szegfűszeg
- Csipet só
- 1/4 csésze (56 g) sózatlan vaj, olvasztott

UTASÍTÁS:
A BRIÓS TÉSZTÁHOZ:
a) A tésztakampóval felszerelt állványkeverőben keverje össze az univerzális lisztet, kenyérlisztet, élesztőt, cukrot, sót, vizet, tojást és őrölt kurkumát.
b) Lassú sebességgel verjük 3-4 percig, amíg a hozzávalók össze nem állnak.
c) Folytassa a verést alacsony sebességgel további 3-4 percig; a tészta kemény és száraz lesz.
d) Alacsony sebesség mellett egyenként adjon hozzá vajat, ügyelve arra, hogy minden darab teljesen elkeveredjen, mielőtt hozzáadná a következőt.
e) Keverje alacsony sebességgel körülbelül 10 percig, időnként kaparja meg az edény oldalát és alját.
f) Növelje a sebességet közepesre; 15 percig verjük, amíg a tészta ragacsos, puha és fényes lesz.

g) Növelje a sebességet közepesen magasra; verjük körülbelül 1 percig, amíg a tészta rugalmas lesz.
h) Tegye a tésztát egy nagy olajozott tálba, fedje le műanyag fóliával, és hagyja dermedni a hűtőszekrényben legalább 6 órára vagy egy éjszakára. A tészta ekkor akár 1 hétig is lefagyasztható.

BRIÓS ZSÜMÉKHEZ:
i) Ha készen állunk a zsemle elkészítésére, vegyük ki a kurkumával fűszerezett tészta felét.
j) Egy 12 csésze normál muffinsütőt 10 csészével kibélelünk papírbéléssel vagy vajjal és liszttel.
k) Lisztezett felületen a tésztát 10 x 5 hüvelykes téglalappá nyomkodjuk.
l) Vágja a tésztát 10 egyenlő, 1 x 5 hüvelykes csíkra, majd mindegyik csíkot vágja 5 darabra, így 50 négyzetet kap.
m) Helyezzen 5 négyzetet minden muffinpohárba, fedje le műanyag fóliával, és hagyja meleg helyen kelni körülbelül 1,5 órán keresztül, amíg puffadt és puha nem lesz.
n) Melegítse elő a sütőt 350 °F-ra; 25-35 perc alatt aranybarnára sütjük.
o) Hagyja a zsemlét 5-10 percig hűlni egy rácson.
p) Egy kis tálban keverjük össze a cukrot, a fűszereket és a sót.
q) Kenjük meg a zsemle tetejét olvasztott vajjal, és forgassuk bele a cukros keverékbe, hogy egyenletesen bevonódjon.

18.Fahéjas cukor örvénylő briós

ÖSSZETEVŐK:
- 3 1/4 csésze univerzális liszt
- 1/4 csésze kristálycukor
- 1 teáskanál só
- 1 csomag aktív száraz élesztő
- 1/2 csésze meleg tej
- 3 nagy tojás
- 1 csésze sózatlan vaj, lágyított
- 1/2 csésze barna cukor
- 2 evőkanál őrölt fahéj

UTASÍTÁS:
a) Egy tálban keverjük össze a meleg tejet és az élesztőt. Hagyja állni 5 percig, amíg habos nem lesz.
b) Egy nagy tálban keverjük össze a lisztet, a kristálycukrot és a sót. Hozzáadjuk az élesztős keveréket és a tojást, simára gyúrjuk.
c) Hozzákeverjük a puha vajat, és addig gyúrjuk, amíg a tészta rugalmas nem lesz.
d) Fedjük le és hagyjuk kelni, amíg a duplájára nem nő.
e) A tésztát kinyújtjuk, barnacukorral és fahéjjal megkenjük, majd hasáb alakúra sodorjuk.
f) Részekre vágjuk, kivajazott tepsibe tesszük, és újra kelesztjük.
g) Süssük 175 °C-on 25-30 percig.

19. Szerecsendió mazsola briós tekercs

ÖSSZETEVŐK:

- 4 csésze kenyérliszt
- 1/4 csésze cukor
- 1 teáskanál só
- 1 csomag instant élesztő
- 1 csésze meleg tej
- 3 nagy tojás
- 1/2 csésze sótlan vaj
- 1/2 csésze mazsola
- 1 teáskanál őrölt szerecsendió

UTASÍTÁS:

a) Egy tálban összekeverjük a lisztet, a cukrot és a sót.
b) Keverjük össze a meleg tejet, az élesztőt, és hagyjuk állni 10 percig.
c) A lisztes keverékhez adjuk a tojást, a puha vajat, a szerecsendiót és a mazsolát.
d) Simára gyúrjuk, duplájára kelesztjük.
e) Tekercseket formázunk, sütőpapíros tepsire tesszük, és újra kelesztjük.
f) Süssük 190 °C-on 20-25 percig.

20. Kardamom Narancs Twist Briós

ÖSSZETEVŐK:

- 3 1/2 csésze univerzális liszt
- 1/4 csésze cukor
- 1 teáskanál só
- 1 csomag aktív száraz élesztő
- 1 csésze meleg tej
- 3 nagy tojás
- 1/2 csésze sótlan vaj
- 1 narancs héja
- 1 evőkanál őrölt kardamom

UTASÍTÁS:

a) A meleg tejet és az élesztőt összekeverjük, hagyjuk felhabosodni.
b) Keverjük össze a lisztet, a cukrot és a sót. Adjuk hozzá az élesztős keveréket, a tojást, a vajat, a kardamomot és a narancshéjat. Simára gyúrjuk.
c) Hagyjuk kelni, majd osztjuk szét és formázzuk meg a tésztát.
d) Minden darabot csavarjunk meg, és tegyük egy kivajazott tepsibe.
e) Hagyja újra megkelni, majd süsse 175 °C-on 30 percig.

21.Mézeskalács briós cipó

ÖSSZETEVŐK:
- 4 csésze kenyérliszt
- 1/3 csésze barna cukor
- 1 teáskanál só
- 1 csomag instant élesztő
- 1 csésze meleg tej
- 3 nagy tojás
- 1/2 csésze sótlan vaj
- 1/4 csésze melasz
- 1 evőkanál őrölt gyömbér
- 1 teáskanál őrölt fahéj

UTASÍTÁS:
a) Az élesztőt meleg tejben felfuttatjuk, 5 percig állni hagyjuk.
b) Keverjük össze a lisztet, a barna cukrot, a sót, a gyömbért és a fahéjat.
c) Adjuk hozzá az élesztős keveréket, a tojást, a lágy vajat és a melaszt. Simára gyúrjuk.
d) Hagyjuk megkelni, cipót formázunk, és kivajazott tepsibe tesszük.
e) Hagyja újra megkelni, majd süsse 190 °C-on 35-40 percig.

22.Sütőtök fűszeres briós csomók

ÖSSZETEVŐK:

- 3 1/2 csésze univerzális liszt
- 1/4 csésze cukor
- 1 teáskanál só
- 1 csomag aktív száraz élesztő
- 1/2 csésze meleg tej
- 3 nagy tojás
- 1/2 csésze sózatlan vaj, megpuhult
- 1/2 csésze sütőtök püré
- 1 teáskanál őrölt fahéj
- 1/2 teáskanál őrölt szerecsendió

UTASÍTÁS:

a) Keverjük össze a meleg tejet és az élesztőt, hagyjuk keleszteni.
b) Keverjük össze a lisztet, a cukrot, a sót, a fahéjat és a szerecsendiót.
c) Adjuk hozzá az élesztős keveréket, a tojást, a lágy vajat és a sütőtökpürét. Simára gyúrjuk.
d) Hagyjuk kelni, csomókat formázunk, és sütőpapíros tepsire tesszük.
e) Hagyja újra kelni, majd süsse 175 °C-on 25-30 percig.

23.Chai fűszerezett briós örvények

ÖSSZETEVŐK:
- 4 csésze kenyérliszt
- 1/4 csésze cukor
- 1 teáskanál só
- 1 csomag instant élesztő
- 1 csésze meleg chai tea (főzve és lehűtve)
- 3 nagy tojás
- 1/2 csésze sózatlan vaj, olvasztott
- 1 evőkanál őrölt fahéj
- 1/2 teáskanál őrölt kardamom

UTASÍTÁS:
a) Főzzünk chai teát és hagyjuk kihűlni. Keverjük össze az élesztővel, és hagyjuk állni 10 percig.
b) Keverjük össze a lisztet, a cukrot, a sót, a fahéjat és a kardamomot.
c) Adjuk hozzá a chai keveréket, a tojásokat és az olvasztott vajat. Simára gyúrjuk.
d) Hagyjuk kelni, nyújtsuk ki, és kenjük meg még fahéjjal és kardamommal.
e) Rönkövé sodorjuk, örvényekre vágjuk, serpenyőbe tesszük, és újra kelesztjük.
f) Süssük 190 °C-on 20-25 percig.

24. Almacideres briós Muffin

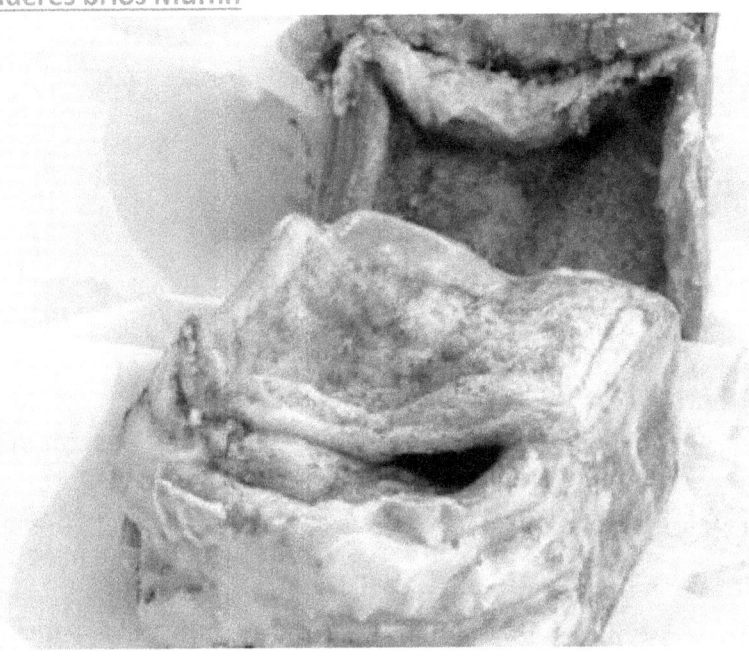

ÖSSZETEVŐK:

- 3 1/4 csésze univerzális liszt
- 1/4 csésze cukor
- 1 teáskanál só
- 1 csomag aktív száraz élesztő
- 1/2 csésze meleg almabor
- 3 nagy tojás
- 1/2 csésze sózatlan vaj, megpuhult
- 2 csésze kockára vágott alma (hámozva)
- 1 teáskanál őrölt fahéj

UTASÍTÁS:

a) Keverjük össze a meleg almabort és az élesztőt, hagyjuk felhabosodni.
b) Keverjük össze a lisztet, a cukrot, a sót és a fahéjat.
c) Adjuk hozzá az élesztős keveréket, a tojást, a lágy vajat és a felkockázott almát. Simára gyúrjuk.
d) Hagyjuk megkelni, muffinokat formázunk, és muffincsészékbe tesszük.
e) Hagyja újra kelni, majd süsse 175 °C-on 20-25 percig.

25. Vaníliás kardamom briós koszorú

ÖSSZETEVŐK:

- 4 csésze kenyérliszt
- 1/3 csésze cukor
- 1 teáskanál só
- 1 csomag instant élesztő
- 1 csésze meleg tej
- 3 nagy tojás
- 1/2 csésze sózatlan vaj, olvasztott
- 1 evőkanál vanília kivonat
- 1 teáskanál őrölt kardamom

UTASÍTÁS:

a) Keverjük össze a meleg tejet és az élesztőt, hagyjuk állni 5 percig.
b) Keverjük össze a lisztet, a cukrot, a sót és a kardamomot.
c) Adjuk hozzá az élesztős keveréket, a tojásokat, az olvasztott vajat és a vaníliakivonatot. Simára gyúrjuk.
d) Hagyjuk kelni, kinyújtjuk, koszorút formázunk, és sütőpapíros tepsire tesszük.
e) Hagyja újra kelni, majd süsse 190 °C-on 30-35 percig.

REGIONÁLIS BRIÓS

26. Klasszikus francia briós

ÖSSZETEVŐK:

- ¼ csésze teljes tej
- 2 teáskanál instant élesztő
- 4 nagy tojás felosztva
- 2⅔ csésze kenyérliszt (vagy T55-ös liszt)
- 3 evőkanál kristálycukor
- 2 teáskanál kóser só
- ⅔ csésze sótlan vaj szobahőmérsékleten (65-70°F), plusz még a kenéshez

UTASÍTÁS:

a) Készítsük el a tésztát: Egy közepes tálban enyhén keverjük össze a tejet, az élesztőt és a 3 tojást. Hozzáadjuk a lisztet, a cukrot és a sót, és addig keverjük, amíg egy csomós tésztát nem kapunk. Fordítsa a tésztát egy tiszta padra, és 6-8 percig gyúrja (vagy tegye át egy állványos keverőbe, és dagassza 4-5 percig alacsony sebességgel), amíg sima nem lesz.

b) Tegyük vissza a tésztát a tálba, és apránként keverjük bele a vajat, akár kézzel, akár tésztakampóval, és folytassuk a dagasztást, amíg a vaj jól el nem keveredik.

c) Fedjük le egy törülközővel, és tegyük félre 1-1,5 órára szobahőmérsékleten. A tésztának duplájára kell nőnie. (Ez az időzítés a konyhai hőmérséklettől függően változhat.)

FORMÁZÁS ÉS SÜTÉS:

d) Formázás előtt legalább 2 órára tegyük a tálat a hűtőbe. Minél hidegebb a tészta, annál könnyebb és kevésbé ragadós lesz vele dolgozni.

e) Ha a tészta kihűlt, egy padkaparóval egyenletesen osszuk el 6 egyenlő részre, ha van mérlegünk.

f) Minden darab tetejét enyhén szórjuk meg liszttel.

g) Óvatosan simítsd el az egyik tésztadarabot, majd ujjbegyeddel húzd a tészta széleit középre, és csipkedd össze, hogy durva kereket formálj belőle. Fordítsa meg a kört. Tegye a tésztát a kezébe, és a pad markolatával forgassa a kört az asztalhoz, hogy meghúzza a varrást.

h) Ha szükséges, szórjuk meg liszttel a tetejét, nehogy a kezünkhöz ragadjon. Dolgozzon gyorsan, hogy elkerülje a zsír túl gyors felmelegedését. Ismételje meg a maradék körökkel.

i) Egy tepsit kikenünk vajjal. Varrással lefelé vigye át a lapokat a tepsibe úgy, hogy kettőt-kettőt béleljen. Fedjük le egy törülközővel, és tegyük félre 1,5-2 órára, amíg mályvacukros állagú lesz, és térfogata megduplázódik.
j) 1 óra kelesztés után melegítse elő a sütőt 375°F-ra.
k) A maradék 1 tojást felverjük egy csepp vízzel, és ezzel a mázzal óvatosan megkenjük a cipót.
l) 30-35 percig sütjük, amíg a cipó aranybarna nem lesz, és a közepébe helyezett hőmérő körülbelül 200 °F-ot nem mutat.
m) Azonnal fordítsa ki a cipót egy hűtőrácsra, fordítsa jobb oldalával felfelé, és hagyja állni 15-20 percig, mielőtt felszeletelné.

27. Egy merican briós

ÖSSZETEVŐK:

- ½ csésze tej
- ½ csésze vaj
- ⅓ csésze cukor
- 1 teáskanál Só
- 1 csomag élesztő
- ¼ csésze meleg víz
- 1 tojás; elválasztott
- 3 egész tojás; megverték
- 3¼ csésze liszt; rostált

UTASÍTÁS:

a) A tejet felforraljuk és langyosra hűtjük.
b) A vajat habosra keverjük, fokozatosan hozzáadva a cukrot. Adj hozzá sót.
c) Az élesztőt a vízben megpuhítjuk.
d) Keverjük össze a tejet, a tejszínes keveréket és az élesztőt. Hozzáadjuk a tojássárgáját, az egész tojásokat és a lisztet, és fakanállal 2 percig verjük.
e) Fedjük le, és hagyjuk kelni meleg helyen, amíg az ömlesztve több mint a duplájára nem nő, körülbelül 2 óráig.
f) Keverjük össze és alaposan verjük fel. Fóliával szorosan letakarva egy éjszakára hűtőbe tesszük.
g) Melegítse elő a sütőt forróra (425 F); helyezze az állványt az alsó közelébe.
h) A tésztát összegyúrjuk és lisztezett deszkára borítjuk. Vágja le a tészta valamivel kevesebb, mint egynegyedét, és tartsa le.
i) A maradék tésztát 16 részre vágjuk, és egyforma méretű golyókat formázunk belőle.
j) Tegye jól kivajazott muffin tepsibe (2 /¾ x 1¼ hüvelyk mély).
k) A kisebb tésztadarabot 16 darabra vágjuk, és sima golyókat formázunk belőle. Enyhén nedvesítse meg az ujját, és készítsen mélyedést minden nagy golyóba. Helyezzen egy kis golyót minden mélyedésbe. Letakarva langyos helyen duplájára kelesztjük, kb 1 óra.
l) A maradék tojásfehérjét verjük fel egy teáskanál cukorral. Ecsetelje át a briósokat. Süssük barnára, vagy 15-20 percig.

28. Svájci csokis briós

ÖSSZETEVŐK:

A BRIÓS TÉSZTÁHOZ:
- 3 1/4 csésze univerzális liszt
- 1/4 csésze kristálycukor
- 1 1/4 teáskanál aktív száraz élesztő
- 1/2 csésze meleg tej
- 3 nagy tojás
- 1 teáskanál só
- 1 csésze sózatlan vaj, lágyított

KITÖLTÉSÉHEZ:
- 1-1 1/2 csésze svájci csokoládé chips

TOJÁSMOSÁSHOZ:
- 1 tojás, felvert

UTASÍTÁS:

AZ ÉLESZTŐ AKTIVÁLÁSA:

a) Egy kis tálban keverjük össze a meleg tejet és egy csipet cukrot. Az élesztőt meglocsoljuk a tejjel, és 5-10 percig állni hagyjuk, amíg habos nem lesz.

A TÉSZTÁT ELKÉSZÍTJÜK:

b) Egy nagy keverőtálban keverjük össze a lisztet, a cukrot és a sót. A közepébe mélyedést készítünk, és hozzáadjuk az élesztős keveréket és a felvert tojásokat. Addig keverjük, amíg ragacsos tészta nem lesz.

c) Fokozatosan, egy-egy evőkanál hozzáadásával adjuk hozzá a lágy vajat, közben jól keverjük össze. A tésztát lisztezett felületen 10-15 percig gyúrjuk, amíg sima és rugalmas nem lesz.

ELSŐ FELEMELKEDÉS:

d) A tésztát enyhén olajozott tálba tesszük, műanyag fóliával vagy nedves ruhával letakarjuk, és meleg helyen kelesztjük 1-2 órát, vagy amíg a duplájára nem nő.

CSOKOLÁDÉ CHIPS HOZZÁADÁSA:

e) A megkelt tésztát finoman lenyomkodjuk, és egyenletes eloszlásig belegyúrjuk a svájci csokireszeléket.

f) Osszuk egyenlő részekre a tésztát, és formázzuk belőlük a kívánt formát – akár cipót, zsemlét, vagy bármilyen más formát, amit szeretne.

MÁSODIK FELEMELKEDÉS:

g) A megformázott tésztát sütőpapírral bélelt tepsire helyezzük. Letakarjuk és ismét kelni hagyjuk kb 1 órát.

h) Melegítsd elő a sütőt 180°C-ra (350°F). A megkelt brióst megkenjük a felvert tojással, hogy fényes legyen.

SÜT:

i) Előmelegített sütőben 25-30 percig sütjük, vagy amíg a briós aranybarna nem lesz, és az aljára koppintva üreges lesz.

j) Szeletelés és tálalás előtt hagyja kihűlni a svájci csokis brióst egy rácson.

29.Provence-i citrom-levendulás briós

ÖSSZETEVŐK:
A BRIÓS TÉSZTÁHOZ:
- 3 1/4 csésze univerzális liszt
- 1/4 csésze kristálycukor
- 1 1/4 teáskanál aktív száraz élesztő
- 1/2 csésze meleg tej
- 3 nagy tojás
- 1 teáskanál só
- 1 csésze sózatlan vaj, lágyított

ÍZESÍTÉSÉRE:
- 2 citrom héja
- 1 evőkanál szárított kulináris levendula (győződjön meg róla, hogy élelmiszer-minőségű)

TOJÁSMOSÁSHOZ:
- 1 tojás, felvert

OPCIONÁLIS MÁZ:
- 1 csésze porcukor
- 2 evőkanál citromlé
- 1 teáskanál szárított kulináris levendula (elhagyható, díszítéshez)

UTASÍTÁS:
AZ ÉLESZTŐ AKTIVÁLÁSA:
a) Egy kis tálban keverjük össze a meleg tejet és egy csipet cukrot. Az élesztőt meglocsoljuk a tejjel, és 5-10 percig állni hagyjuk, amíg habos nem lesz.

A TÉSZTÁT ELKÉSZÍTJÜK:
b) Egy nagy keverőtálban keverje össze a lisztet, a cukrot, a sót, a citromhéjat és a szárított levendulát. A közepébe mélyedést készítünk, és hozzáadjuk az élesztős keveréket és a felvert tojásokat. Addig keverjük, amíg ragacsos tészta nem lesz.

c) Fokozatosan, egy-egy evőkanál hozzáadásával adjuk hozzá a lágy vajat, közben jól keverjük össze. A tésztát lisztezett felületen 10-15 percig gyúrjuk, amíg sima és rugalmas nem lesz.

ELSŐ FELEMELKEDÉS:
d) A tésztát enyhén olajozott tálba tesszük, műanyag fóliával vagy nedves ruhával letakarjuk, és meleg helyen kelesztjük 1-2 órát, vagy amíg a duplájára nem nő.

ALAK ÉS MÁSODIK EMELKEDÉS:
e) A megkelt tésztát kilyukasztjuk, és tetszőleges formára – cipót, zsemlét vagy más formát – formázunk. A megformázott tésztát sütőpapírral bélelt tepsire helyezzük. Letakarjuk és ismét kelni hagyjuk kb 1 órát.
f) Melegítsd elő a sütőt 180°C-ra (350°F). A megkelt brióst megkenjük a felvert tojással, hogy fényes legyen.

SÜT:
g) Előmelegített sütőben 25-30 percig sütjük, vagy amíg a briós aranybarna nem lesz, és az aljára koppintva üreges lesz.
h) Ízlés szerint a porcukrot és a citromlevet habosra keverjük. A kihűlt briósra csorgatjuk, díszítésképpen megszórjuk szárított levendulával.
i) Szeletelés és tálalás előtt hagyja kihűlni a provence-i citromos-levendulás brióst egy rácson.

30. Déli fahéjas-pekándiós briós

ÖSSZETEVŐK:

A BRIÓS TÉSZTÁHOZ:
- 3 1/4 csésze univerzális liszt
- 1/4 csésze kristálycukor
- 1 1/4 teáskanál aktív száraz élesztő
- 1/2 csésze meleg tej
- 3 nagy tojás
- 1 teáskanál só
- 1 csésze sózatlan vaj, lágyított

FAHÉJES-PECÁN TÖLTETÉSÉHEZ:
- 1/2 csésze sózatlan vaj, megpuhult
- 1 csésze barna cukor, csomagolva
- 2 evőkanál őrölt fahéj
- 1 csésze apróra vágott pekándió

TOJÁSMOSÁSHOZ:
- 1 tojás, felvert

UTASÍTÁS:

AZ ÉLESZTŐ AKTIVÁLÁSA:

a) Egy kis tálban keverjük össze a meleg tejet és egy csipet cukrot. Az élesztőt meglocsoljuk a tejjel, és 5-10 percig állni hagyjuk, amíg habos nem lesz.

A TÉSZTÁT ELKÉSZÍTJÜK:

b) Egy nagy keverőtálban keverjük össze a lisztet, a cukrot és a sót. A közepébe mélyedést készítünk, és hozzáadjuk az élesztős keveréket és a felvert tojásokat. Addig keverjük, amíg ragacsos tészta nem lesz.

c) Fokozatosan, egy-egy evőkanál hozzáadásával adjuk hozzá a lágy vajat, közben jól keverjük össze. A tésztát lisztezett felületen 10-15 percig gyúrjuk, amíg sima és rugalmas nem lesz.

ELSŐ FELEMELKEDÉS:

d) A tésztát enyhén olajozott tálba tesszük, műanyag fóliával vagy nedves ruhával letakarjuk, és meleg helyen kelesztjük 1-2 órát, vagy amíg a duplájára nem nő.

A TÖLTELÉK ELKÉSZÍTÉSE:

e) Egy közepes tálban keverjük össze a puha vajat, a barna cukrot, az őrölt fahéjat és az apróra vágott pekándiót a töltelék elkészítéséhez.

f) A megkelt tésztát kiszaggatjuk, és lisztezett felületen nagy téglalappá nyújtjuk. A fahéjas-pekándiós tölteléket egyenletesen elosztjuk a tésztán.
g) A tésztát az egyik hosszabbik oldaláról szorosan feltekerjük, hogy egy rönköt formáljunk. Vágja a rönköt egyforma méretű zsemlére vagy szeletekre.

MÁSODIK FELEMELKEDÉS:
h) A felvágott zsemléket sütőpapírral bélelt tepsire helyezzük. Fedjük le és hagyjuk újra kelni kb 1 órát.
i) Melegítsd elő a sütőt 180°C-ra (350°F). A megkelt zsemléket megkenjük felvert tojással, hogy fényesek legyenek.

SÜT:
j) Előmelegített sütőben 20-25 percig sütjük, vagy amíg a zsemlék aranybarnák nem lesznek.
k) Tálalás előtt hagyja lehűlni a déli fahéjas-pekándiós briost egy rácson.

31. Skandináv kardamom-narancsos briós

ÖSSZETEVŐK:
A BRIÓS TÉSZTÁHOZ:
- 3 1/4 csésze univerzális liszt
- 1/4 csésze kristálycukor
- 1 1/4 teáskanál aktív száraz élesztő
- 1/2 csésze meleg tej
- 3 nagy tojás
- 1 teáskanál só
- 1 csésze sózatlan vaj, lágyított

KARDAMOMOS-NARANCS TÖLTETÉSHEZ:
- 2 narancs héja
- 1-2 evőkanál őrölt kardamom (ízlés szerint)
- 1/2 csésze kristálycukor
- 1/4 csésze sózatlan vaj, megpuhult

TOJÁSMOSÁSHOZ:
- 1 tojás, felvert

OPCIONÁLIS MÁZ:
- 1 csésze porcukor
- 2 evőkanál narancslé
- Díszítésnek narancshéj

UTASÍTÁS:
AZ ÉLESZTŐ AKTIVÁLÁSA:
a) Egy kis tálban keverjük össze a meleg tejet és egy csipet cukrot. Az élesztőt meglocsoljuk a tejjel, és 5-10 percig állni hagyjuk, amíg habos nem lesz.

A TÉSZTÁT ELKÉSZÍTJÜK:
b) Egy nagy keverőtálban keverjük össze a lisztet, a cukrot, a sót, a narancshéjat és az őrölt kardamomot. A közepébe mélyedést készítünk, és hozzáadjuk az élesztős keveréket és a felvert tojásokat. Addig keverjük, amíg ragacsos tészta nem lesz.

c) Fokozatosan, egy-egy evőkanál hozzáadásával adjuk hozzá a lágy vajat, közben jól keverjük össze. A tésztát lisztezett felületen 10-15 percig gyúrjuk, amíg sima és rugalmas nem lesz.

ELSŐ FELEMELKEDÉS:

d) A tésztát enyhén olajozott tálba tesszük, műanyag fóliával vagy nedves ruhával letakarjuk, és meleg helyen kelesztjük 1-2 órát, vagy amíg a duplájára nem nő.

A TÖLTELÉK ELKÉSZÍTÉSE:

e) Egy kis tálban keverjük össze a narancshéjat, az őrölt kardamomot, a cukrot és a lágy vajat a töltelék elkészítéséhez.

f) A megkelt tésztát kiszaggatjuk, és lisztezett felületen nagy téglalappá nyújtjuk. A kardamomos-narancsos tölteléket egyenletesen elosztjuk a tésztán.

g) A tésztát az egyik hosszabbik oldaláról szorosan feltekerjük, hogy egy rönköt formáljunk. Vágja a rönköt egyforma méretű zsemlére vagy szeletekre.

MÁSODIK FELEMELKEDÉS:

h) A felvágott zsemléket sütőpapírral bélelt tepsire helyezzük. Fedjük le és hagyjuk újra kelni kb 1 órát.

i) Melegítsd elő a sütőt 180°C-ra (350°F). A megkelt zsemléket megkenjük felvert tojással, hogy fényesek legyenek.

SÜT:

j) Előmelegített sütőben 20-25 percig sütjük, vagy amíg a zsemlék aranybarnák nem lesznek.

k) Kívánt esetben a porcukrot és a narancslevet habosra keverjük. A kihűlt briósra csorgatjuk, díszítésképpen megszórjuk narancshéjjal.

l) Tálalás előtt hagyja kihűlni a skandináv kardamomos-narancsos brióst egy rácson.

32. Elzászi Kugelhopf Briós

ÖSSZETEVŐK:
- 3 1/2 csésze univerzális liszt
- 1/4 csésze cukor
- 1 teáskanál só
- 1 csomag aktív száraz élesztő
- 1/2 csésze meleg tej
- 3 nagy tojás
- 1/2 csésze sózatlan vaj, megpuhult
- 1/2 csésze mazsola
- 1/4 csésze apróra vágott mandula
- 1 teáskanál mandula kivonat

UTASÍTÁS:
a) Keverjük össze a meleg tejet és az élesztőt, hagyjuk keleszteni.
b) Keverjük össze a lisztet, a cukrot és a sót. Adjuk hozzá az élesztős keveréket, a tojást és a lágy vajat. Simára gyúrjuk.
c) Hajtsa bele a mazsolát, a mandulát és a mandulakivonatot.
d) Hagyjuk kelni, formázzuk hagyományos Kugelhopf formába, és hagyjuk újra kelni.
e) Süssük 350 °F-on (175 °C) 35-40 percig.

33. Provence-i Fougasse Brioche

ÖSSZETEVŐK:
- 3 1/4 csésze kenyérliszt
- 1/4 csésze cukor
- 1 teáskanál só
- 1 csomag instant élesztő
- 1/2 csésze meleg víz
- 3 nagy tojás
- 1/2 csésze olívaolaj
- 1/4 csésze apróra vágott fekete olajbogyó
- 1 evőkanál apróra vágott friss rozmaring

UTASÍTÁS:
a) Az élesztőt meleg vízben feloldjuk, 5 percig állni hagyjuk.
b) Keverjük össze a lisztet, a cukrot és a sót. Adjuk hozzá az élesztős keveréket, a tojást és az olívaolajat. Simára gyúrjuk.
c) Hajtsa bele az apróra vágott olajbogyót és a rozmaringot.
d) Hagyjuk kelni, fougasse-mintára formázzuk, majd ismét kelesztjük.
e) Süssük 190 °C-on 25-30 percig.

34.Svéd sáfrányos briós Lussekatter

ÖSSZETEVŐK:

- 4 csésze univerzális liszt
- 1/2 csésze cukor
- 1 teáskanál só
- 1 csomag aktív száraz élesztő
- 1 csésze meleg tej
- 3 nagy tojás
- 1/2 csésze sózatlan vaj, olvasztott
- 1/2 teáskanál sáfrányszál (meleg tejbe áztatva)
- Mazsola díszítéshez

UTASÍTÁS:

a) A meleg tejet és az élesztőt összekeverjük, hagyjuk felhabosodni.
b) Keverjük össze a lisztet, a cukrot és a sót. Adjuk hozzá az élesztős keveréket, a tojást, az olvasztott vajat és a sáfrányos tejet. Simára gyúrjuk.
c) Hagyjuk megkelni, S-alakú tekercseket formázunk (Lussekatter), majd tegyünk rá mazsolát.
d) Hagyja újra kelni, majd süsse 190 °C-on 20-25 percig.

35.Olasz Panettone Brioche

ÖSSZETEVŐK:
- 3 1/2 csésze kenyérliszt
- 1/2 csésze cukor
- 1 teáskanál só
- 1 csomag instant élesztő
- 1/2 csésze meleg tej
- 3 nagy tojás
- 1/2 csésze sózatlan vaj, megpuhult
- 1/2 csésze kandírozott narancshéj
- 1/2 csésze mazsola
- 1 teáskanál vanília kivonat

UTASÍTÁS:
a) Az élesztőt meleg tejben felfuttatjuk, 5 percig állni hagyjuk.
b) Keverjük össze a lisztet, a cukrot és a sót. Adjuk hozzá az élesztős keveréket, a tojást, a lágy vajat és a vaníliakivonatot. Simára gyúrjuk.
c) Hajtsa bele a kandírozott narancshéjat és a mazsolát.
d) Hagyjuk kelni, formázzunk egy kerek Panettone-t, és hagyjuk újra kelni.
e) Süssük 175 °C-on 45-50 percig.

36.Japán Matcha Melonpan Brioche

ÖSSZETEVŐK:
- 3 1/2 csésze kenyérliszt
- 1/4 csésze cukor
- 1 teáskanál só
- 1 csomag instant élesztő
- 1/2 csésze meleg tej
- 3 nagy tojás
- 1/2 csésze sózatlan vaj, megpuhult
- 2 evőkanál matcha por
- Dinnyés öntet (süti tészta)

UTASÍTÁS:
a) Az élesztőt meleg tejben felfuttatjuk, 5 percig állni hagyjuk.
b) Keverjük össze a lisztet, a cukrot, a sót és a matcha port. Adjuk hozzá az élesztős keveréket, a tojást és a lágy vajat. Simára gyúrjuk.
c) Hagyjuk kelni, osszuk részekre, és formázzuk meg dinnyéspántos öntettel.
d) Hagyja újra kelni, majd süsse 190 °C-on 20-25 percig.

37. Marokkói narancsvirágos briós

ÖSSZETEVŐK:

- 3 1/4 csésze univerzális liszt
- 1/4 csésze cukor
- 1 teáskanál só
- 1 csomag aktív száraz élesztő
- 1/2 csésze meleg víz
- 3 nagy tojás
- 1/2 csésze sózatlan vaj, olvasztott
- 2 narancs héja
- 2 evőkanál narancsvirágvíz

UTASÍTÁS:

a) Keverjük össze a meleg vizet és az élesztőt, hagyjuk keleszteni.
b) Keverjük össze a lisztet, a cukrot és a sót. Adjuk hozzá az élesztős keveréket, a tojást, az olvasztott vajat, a narancshéjat és a narancsvirágvizet. Simára gyúrjuk.
c) Hagyjuk kelni, formázzunk kerek cipót, és hagyjuk újra kelni.
d) Süssük 175 °C-on 30-35 percig.

38.Indiai kardamom és sáfrányos briós

ÖSSZETEVŐK:

- 4 csésze kenyérliszt
- 1/3 csésze cukor
- 1 teáskanál só
- 1 csomag instant élesztő
- 1 csésze meleg tej
- 3 nagy tojás
- 1/2 csésze sózatlan vaj, megpuhult
- 1 evőkanál őrölt kardamom
- 1/2 teáskanál sáfrányszál (meleg tejbe áztatva)

UTASÍTÁS:

a) Az élesztőt meleg tejben felfuttatjuk, 5 percig állni hagyjuk.
b) Keverjük össze a lisztet, a cukrot, a sót és az őrölt kardamomot. Adjuk hozzá az élesztős keveréket, a tojást, a lágy vajat és a sáfrányos tejet. Simára gyúrjuk.
c) Hagyjuk kelni, formázzunk fonott cipót, és hagyjuk újra kelni.
d) Süssük 190 °C-on 25-30 percig.

39. Mexikói fahéjas csokis briós

ÖSSZETEVŐK:
- 3 1/2 csésze univerzális liszt
- 1/4 csésze cukor
- 1 teáskanál só
- 1 csomag aktív száraz élesztő
- 1/2 csésze meleg tej
- 3 nagy tojás
- 1/2 csésze sózatlan vaj, olvasztott
- 1/4 csésze kakaópor
- 1 evőkanál őrölt fahéj
- 1/2 csésze csokoládé chips

UTASÍTÁS:
a) A meleg tejet és az élesztőt összekeverjük, hagyjuk felhabosodni.
b) Keverjük össze a lisztet, a cukrot, a sót, a kakaóport és az őrölt fahéjat. Adjuk hozzá az élesztős keveréket, a tojásokat, az olvasztott vajat és a csokoládédarabkákat. Simára gyúrjuk.
c) Hagyjuk kelni, formázzuk egyedi tekercseket, és hagyjuk újra kelni.
d) Süssük 175 °C-on 20-25 percig.

GYÜMÖLCSBRIÓS

40.Gyümölcsös és diós briós

ÖSSZETEVŐK:

- 1 evőkanál friss élesztő
- 150 ml langyos tej
- 250 gramm liszt
- 4 Felvert tojás
- 1 csipet só
- 4 evőkanál cukor
- ½ csésze mandula
- ½ csésze mogyoró
- ¼ csésze mazsola vagy szultán
- ⅓ csésze ribizli
- ⅓ csésze szárított sárgabarack, szeletelve
- Néhány glace cseresznye
- 170 gramm vaj, lágyítva, de nem olvasztva

UTASÍTÁS:

a) A sütőt előmelegítjük 170 C-ra. Az élesztőt feloldjuk a tejben. Adjunk hozzá lisztet, tojást, sót, cukrot, diót és gyümölcsöt.
b) Jól verd meg. letakarva meleg helyen kelesztjük, amíg duplájára nem nő.
c) Lenyomkodjuk, hozzáadjuk a vajat, és jól felverjük, ügyelve arra, hogy ne legyen csomó vaj. Jól kivajazott cipóformába öntjük (a keveréknek félig meg kell töltenie a formát). Hagyja újra kelni, amíg a forma ¾-é meg nem telik.
d) 170 C-on addig sütjük, amíg a nyárs tisztán ki nem jön - kb 20-25 perc.
e) Szeletelés előtt hűtsük le.

41. Briós pudingos zsemle magházas gyümölccsel és bazsalikommal

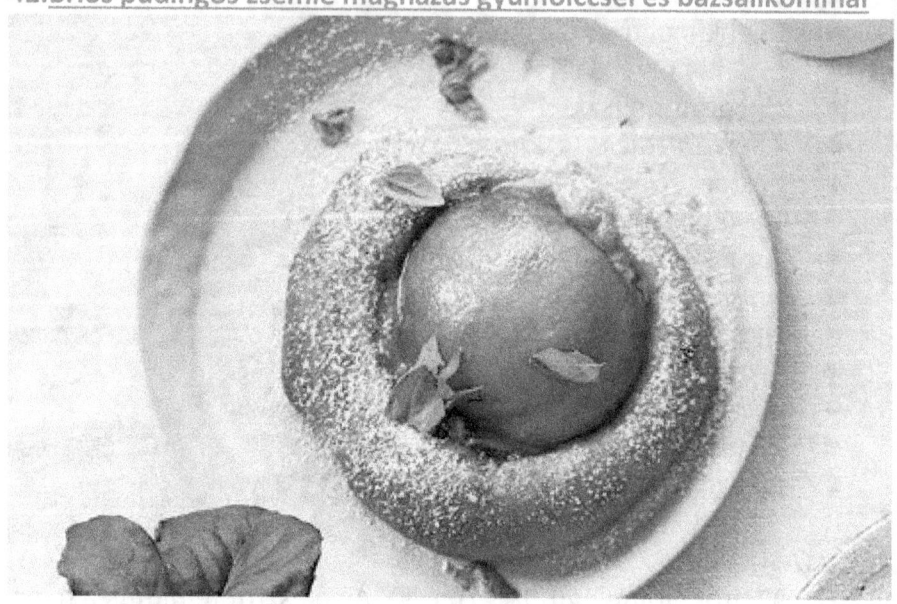

ÖSSZETEVŐK:

- 250 g sima liszt (a brióshoz)
- 1 tk finom só (a brióshoz)
- 30 g porcukor (a brióshoz) + 60 g (a crème pâtissière-hez)
- 7 g szárított élesztő (gyors hatású/gyors élesztő) (a brióshoz)
- 3 tojás (a brióshoz) + 3 sárgája (a crème pâtissière-hez) + 1 tojás
- 180 g sótlan vaj, lágyítva (a brióshoz)
- 1 csésze olaj (a kenéshez)
- 250 ml teljes tej (a crème pâtissière-hez)
- ½ teáskanál vaníliarúd paszta vagy ½ vaníliarúd, kettévágva és kikaparva (a crème pâtissière-hez)
- 20 g kukoricaliszt (a crème pâtissière-hez)
- 4 érett magozott gyümölcs, felezve és kicsontva (összeállításhoz)
- 2 evőkanál demerara cukor (összeállításhoz)
- ½ csokor bazsalikom, csak levelek, félig tépve (összeállításhoz)
- 1 csésze porcukor (porhoz)

UTASÍTÁS:
BRIÓS TÖSZTA ELKÉSZÍTÉS

a) Egy szabadon álló keverővel tésztahoroggal keverje össze a lisztet, a sót és a cukrot alacsony sebességgel.
b) Adjuk hozzá az élesztőt, jól keverjük össze, majd adjuk hozzá a tojást, és közepes hőmérsékleten keverjük 10 percig, amíg laza tésztát nem kapunk.
c) 5 percig állni hagyjuk a tésztát.
d) Adjunk hozzá lágy vajat, és keverjük közepes hőmérsékleten körülbelül 10 percig, gyakran kaparjuk meg az edény oldalát.
e) Növelje kissé a sebességet, és folytassa a keverést körülbelül 15 percig, amíg a tészta rugalmassá nem válik.
f) A tésztát enyhén olajozott felületre kanalazzuk, golyót formázunk belőle, és áttesszük egy nagy, enyhén olajozott edénybe.

g) Fedjük le és hagyjuk kelni szobahőmérsékleten 1 órát. Enyhén lenyomva távolítsa el a levegőt, majd letakarva hűtjük egy éjszakára a hűtőben.

CRÈME PÂTISSIÈRE ELŐKÉSZÍTÉS

h) Egy serpenyőben felforrósítjuk a tejet a cukor felével és a vaníliával.
i) A tojássárgáját felverjük, hozzáadjuk a maradék cukrot, és beleszitáljuk a kukoricalisztet; keverjük össze.
j) A tojásos keveréket állandóan kevergetve felöntjük a tejjel.
k) Közepes lángon kevergetve 4-5 percig főzzük, amíg besűrűsödik. Főzzük még néhány percig, majd vegyük le a tűzről.
l) Tegyük át egy hőálló tálba, fedjük le fóliával, és hagyjuk teljesen kihűlni.

KEVEZETT GYÜMÖLCS ÉS BAZSILIKOM ÖSSZEÁLLÍTÁS

m) Melegítsük elő a sütőt 200°C/180°C ventilátor/gáz hőmérsékletre 6.
n) A magházas gyümölcsöt cukorral és a tépett bazsalikomlevéllel megforgatjuk.

SÜTÉS

o) 2 tepsit kibélelünk papírral.
p) Óvatosan összegyúrjuk a tésztát, 7 felé osztjuk, golyókat formázunk, és a tálcákon enyhén korongokra nyomkodjuk.
q) Mindegyik közepébe kanalazunk 1 evőkanál krémes pattanást, és a tetejére vágott oldalukkal lefelé egy csonthéjas gyümölcsfélét teszünk.
r) A tésztát megkenjük felvert tojással, majd 17-20 perc alatt aranybarnára sütjük.
s) Hagyjuk kissé kihűlni, hámozzuk le és dobjuk ki a magházas gyümölcshéjakat, a végén pedig bazsalikomlevelekkel és porcukorral szórjuk meg.

42. Csokoládé passiógyümölcs briós zsemle

ÖSSZETEVŐK:
BRIÓS:
- 250 g erős fehér kenyérliszt
- 1/2 teáskanál finom tengeri só
- 1 tk gyorshatású szárított élesztő
- 20 g porcukor
- 1 citrom héja
- 125 ml teljes tej
- 1 nagy tojás + 1 tojásmosáshoz
- 50 g sótlan, szobahőmérsékletű vaj

PASSIÓGYÜMÖLCS SZÜTEMÉNYKRÉM:
- 225 ml maracuja püré
- 75 g porcukor
- 20 g kukoricaliszt
- 3 nagy tojássárgája
- Csipet finom tengeri só
- 20 g sótlan vaj
- 100 ml dupla tejszín
- 1 tk vaníliarúd paszta

CSOKOLÁDÉMÁZ:
- 50 g tejcsokoládé (kb. 50% kakaó szárazanyag)
- 50 ml dupla tejszín
- 15 ml maracuja püré

UTASÍTÁS:
BRIÓS ELKÉSZÍTÉSE:
a) Egy kis serpenyőben főzzünk 20 g lisztet és 80 ml tejet közepes lángon, amíg sűrű paszta nem lesz. Félretesz, mellőz.
b) Állványmixerben keverje össze a maradék lisztet, sót, élesztőt, cukrot, citromhéjat, maradék tejet, tojást és a főtt lisztkeveréket.
c) Alacsony sebességgel addig keverjük, amíg bozontos tésztát nem kapunk. Folytassa a keverést 10-15 percig, amíg a tészta rugalmas nem lesz.
d) Fokozatosan adjuk hozzá a vajat, addig keverjük, amíg teljesen el nem keveredik, és a tészta sima lesz.
e) Golyóba formázzuk, tálba tesszük, fóliával letakarjuk, és egy éjszakára hűtőbe tesszük.

PASSIÓGYÜMÖLCS SZÜTEMÉNYKRÉM:
f) Egy serpenyőben a maracujapürét a cukor felével felforrósítjuk.
g) Egy külön tálban keverjük össze a maradék cukrot és a kukoricalisztet. Adjuk hozzá a tojássárgáját és a sót, keverjük simára.
h) A sárgás pürét öntsük a sárgás keverékre, keverjük össze, hogy ne keveredjen össze. Visszatesszük a serpenyőbe, és addig főzzük, amíg besűrűsödik.
i) Adjuk hozzá a vajat, keverjük össze, fedjük le fóliával, és hűtsük le.

ZSEMLE ÖSSZESZERELÉS:
j) Sütési napon a briós tésztát 8 részre osztjuk, és sütőpapírral bélelt tepsiben zsemlét formázunk. Igazolás a duplájára.
k) Melegítsd elő a sütőt 200°C-ra (légkeveréses 180°C). A zsemléket lekenjük tojással és 15-20 perc alatt aranybarnára sütjük. Menő.
l) A kihűlt tésztakrémet simára verjük. Egy külön tálban a tejszínt és a vaníliát kemény habbá verjük. Keverjük össze a pudinggal.
m) Egy zsák segítségével töltsön meg minden zsemlét a pudinggal, amíg kissé nehéz lesz.
n) A mázhoz felolvasztjuk a csokoládét és a tejszínt, beleforgatjuk a maracujapürét. A zsemlét mártsuk a ganache-ba, és hagyjuk dermedni.
o) Tetszés szerint díszíthetjük reszelt csokoládéval, kakaóporral vagy fagyasztva szárított maracujaporral.
p) A zsemle lefedve 2-3 napig eláll. Élvezze a csokoládé és a maracuja isteni kombinációját!

43. Kandírozott gyümölcs és dió briós koszorú

ÖSSZETEVŐK:

- 450 g erős fehér kenyérliszt
- 1 tk tengeri só
- 7 g tasak szárított élesztő
- 50 g porcukor
- 100 ml teljes tej
- 5 közepes tojás
- 190 g vaj, felkockázva és megpuhítva
- 50 g vegyes héja
- 7 g dió, apróra vágva
- 125 g fügelekvár
- 25 g dió apróra vágva (szóráshoz)

UTASÍTÁS:
TÖSZTAKÉSZÍTÉS

a) Helyezze a lisztet egy tésztahoroggal felszerelt mixer táljába.
b) Egyik oldalára sót, másik oldalára cukrot és élesztőt teszünk. Az egészet összekeverjük a tésztafogóval.
c) A tejet melegre, de nem túl forróra melegítjük, majd közepes fokozaton járó mixerrel a lisztes keverékhez adjuk.
d) Adjunk hozzá 4 tojást egyenként, és minden hozzáadás után jól keverjük össze. 10 percig keverjük.
e) Fokozatosan, néhány kockával adjuk hozzá a puha vajat, amíg össze nem áll, és a tészta nagyon lágy lesz (kb. 5 perc).
f) Kaparjuk le az oldalát, és adjuk hozzá a vegyes héjat és az apróra vágott diót, amíg egyenletesen el nem oszlik.
g) A tálat fóliával letakarjuk, és meleg helyen 1,5-2 órát kelesztjük, míg a duplájára nő, majd 1 órára hűtőbe tesszük.

ÖSSZESZERELÉS

h) Egy nagy tepsit kibélelünk sütőpapírral.
i) A tésztát 8 egyenlő részre osztjuk, és golyókat formázunk belőle.
j) Helyezzük a golyókat körbe a tálcára úgy, hogy az egyes golyók között 1-2 cm-es rés legyen.
k) Fóliával letakarjuk, és 30 percig kelesztjük, amíg a duplájára nő, és a golyók összeérnek.

SÜTÉS

l) Melegítsük elő a sütőt 180 oC-ra (gáz fokozat 4).
m) A briós t vékonyan megkenjük a maradék felvert tojással.
n) A maradék diót apróra vágjuk, és a briósra szórjuk.
o) 15-20 perc alatt aranybarnára sütjük.
p) Hagyjuk kissé kihűlni, és a koszorú közepén egy tálban tálaljuk a fügelekvárt.

44.Áfonya citromos briós

ÖSSZETEVŐK:

- 3 1/2 csésze univerzális liszt
- 1/4 csésze cukor
- 1 teáskanál só
- 1 csomag aktív száraz élesztő
- 1/2 csésze meleg tej
- 3 nagy tojás
- 1/2 csésze sózatlan vaj, megpuhult
- 1 citrom héja
- 1 csésze friss vagy fagyasztott áfonya

UTASÍTÁS:

a) Keverjük össze a meleg tejet és az élesztőt, hagyjuk keleszteni.
b) A lisztet, a cukrot, a sót és a citromhéjat összekeverjük. Adjuk hozzá az élesztős keveréket, a tojást és a lágy vajat. Simára gyúrjuk.
c) Óvatosan beleforgatjuk az áfonyát.
d) Hagyjuk kelni, formáljunk cipót vagy zsemlét, majd hagyjuk újra kelni.
e) Süssük 190 °C-on 25-30 percig.

45. Málnás mandulás briós tekercs

ÖSSZETEVŐK:

- 4 csésze kenyérliszt
- 1/4 csésze cukor
- 1 teáskanál só
- 1 csomag instant élesztő
- 1 csésze meleg tej
- 3 nagy tojás
- 1/2 csésze sózatlan vaj, olvasztott
- 1 csésze friss vagy fagyasztott málna
- 1/2 csésze mandula szelet

UTASÍTÁS:

a) Az élesztőt meleg tejben felfuttatjuk, 5 percig állni hagyjuk.
b) Keverjük össze a lisztet, a cukrot és a sót. Adjuk hozzá az élesztős keveréket, a tojásokat és az olvasztott vajat. Simára gyúrjuk.
c) Óvatosan beleforgatjuk a málnát és a mandulaszeleteket.
d) Hagyjuk megkelni, szeletekre vágjuk, és tepsibe tesszük.
e) Hagyja újra kelni, majd süsse 175 °C-on 20-25 percig.

46.Barack vaníliás Briós Twist

ÖSSZETEVŐK:
- 3 1/4 csésze univerzális liszt
- 1/4 csésze cukor
- 1 teáskanál só
- 1 csomag aktív száraz élesztő
- 1/2 csésze meleg tej
- 3 nagy tojás
- 1/2 csésze sózatlan vaj, megpuhult
- 2 érett őszibarack, felkockázva
- 1 evőkanál vanília kivonat

UTASÍTÁS:
a) A meleg tejet és az élesztőt összekeverjük, hagyjuk felhabosodni.
b) Keverjük össze a lisztet, a cukrot és a sót. Adjuk hozzá az élesztős keveréket, a tojást, a lágy vajat, a kockára vágott őszibarackot és a vaníliakivonatot. Simára gyúrjuk.
c) Hagyjuk kelni, osszuk két részre, és csavarjuk össze.
d) Kivajazott tepsibe tesszük, hagyjuk újra megkelni, majd 30-35 percig sütjük 190°C-on.

47.Epres krémsajt briós fonat

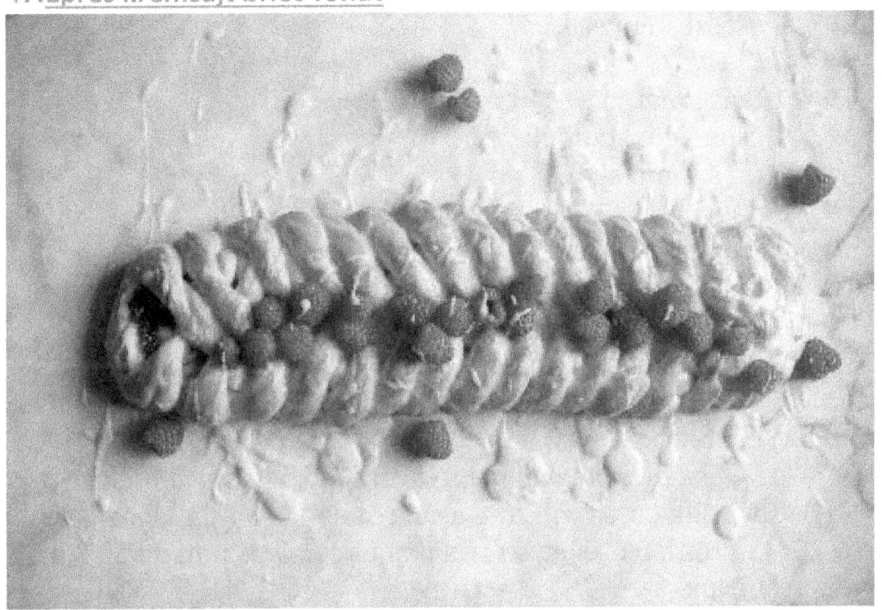

ÖSSZETEVŐK:

- 4 csésze kenyérliszt
- 1/3 csésze cukor
- 1 teáskanál só
- 1 csomag instant élesztő
- 1 csésze meleg tej
- 3 nagy tojás
- 1/2 csésze sózatlan vaj, olvasztott
- 1 csésze friss eper, szeletelve
- 4 uncia krémsajt, megpuhult
- 1/4 csésze porcukor

UTASÍTÁS:

a) Az élesztőt meleg tejben felfuttatjuk, 5 percig állni hagyjuk.
b) Keverjük össze a lisztet, a cukrot és a sót. Adjuk hozzá az élesztős keveréket, a tojásokat és az olvasztott vajat. Simára gyúrjuk.
c) Nyújtsuk ki a tésztát, kenjük meg egy réteg krémsajttal, és tegyünk rá szeletelt epret.
d) A tésztát ráhajtjuk a töltelékre, fonatot készítünk.
e) Hagyja kelni, majd süsse 175°C-on 25-30 percig.

48. Cseresznyemandulás briós kavarog

ÖSSZETEVŐK:
- 3 1/2 csésze univerzális liszt
- 1/4 csésze cukor
- 1 teáskanál só
- 1 csomag aktív száraz élesztő
- 1/2 csésze meleg tej
- 3 nagy tojás
- 1/2 csésze sózatlan vaj, megpuhult
- 1 csésze friss vagy fagyasztott cseresznye, kimagozva és félbevágva
- 1/2 csésze szeletelt mandula

UTASÍTÁS:
a) Keverjük össze a meleg tejet és az élesztőt, hagyjuk keleszteni.
b) A lisztet, a cukrot, a sót összekeverjük, majd hozzáadjuk az élesztős keveréket, a tojást és a puha vajat. Simára gyúrjuk.
c) Óvatosan beleforgatjuk a meggyet és a szeletelt mandulát.
d) Hagyjuk kelni, nyújtsuk ki a tésztát, egyenletesen terítsük szét a meggyet és a mandulát, majd sodorjuk hasábpá.
e) Részekre vágjuk, kivajazott tepsibe tesszük, és újra kelesztjük.
f) Süssük 190 °C-on 25-30 percig.

49. Mangó kókuszos briós tekercs

ÖSSZETEVŐK:
- 4 csésze kenyérliszt
- 1/4 csésze cukor
- 1 teáskanál só
- 1 csomag instant élesztő
- 1 csésze meleg kókusztej
- 3 nagy tojás
- 1/2 csésze sózatlan vaj, olvasztott
- 1 csésze friss mangó, kockára vágva
- 1/2 csésze kókuszreszelék

UTASÍTÁS:
a) Az élesztőt meleg kókusztejben felfuttatjuk, 5 percig állni hagyjuk.
b) Keverjük össze a lisztet, a cukrot és a sót. Adjuk hozzá az élesztős keveréket, a tojásokat és az olvasztott vajat. Simára gyúrjuk.
c) Óvatosan forgasd bele a kockára vágott mangót és a kókuszreszeléket.
d) Hagyjuk megkelni, szeletekre vágjuk, és tepsibe tesszük.
e) Hagyja újra kelni, majd süsse 175 °C-on 20-25 percig.

50.Szeder citromos sajttorta briós

ÖSSZETEVŐK:

- 3 1/4 csésze univerzális liszt
- 1/4 csésze cukor
- 1 teáskanál só
- 1 csomag aktív száraz élesztő
- 1/2 csésze meleg tej
- 3 nagy tojás
- 1/2 csésze sózatlan vaj, megpuhult
- 1 csésze friss szeder
- 4 uncia krémsajt, megpuhult
- 1 citrom héja

UTASÍTÁS:

a) A meleg tejet és az élesztőt összekeverjük, hagyjuk felhabosodni.
b) Keverjük össze a lisztet, a cukrot és a sót. Adjuk hozzá az élesztős keveréket, a tojást, a lágy vajat, a krémsajtot és a citromhéjat. Simára gyúrjuk.
c) Óvatosan beleforgatjuk a szederbe.
d) Hagyjuk kelni, formáljunk cipót, és hagyjuk újra kelni.
e) 375°F-on (190°C) sütjük 30-35 percig.

51.Citrus Kiwi Briós Koszorú

ÖSSZETEVŐK:
- 4 csésze kenyérliszt
- 1/3 csésze cukor
- 1 teáskanál só
- 1 csomag instant élesztő
- 1 csésze meleg narancslé
- 3 nagy tojás
- 1/2 csésze sózatlan vaj, olvasztott
- 1 narancs héja
- 2 kiwi, meghámozva és felszeletelve

UTASÍTÁS:
a) Az élesztőt meleg narancslében felfuttatjuk, 5 percig állni hagyjuk.
b) Keverjük össze a lisztet, a cukrot és a sót. Adjuk hozzá az élesztős keveréket, a tojást, az olvasztott vajat és a narancshéjat. Simára gyúrjuk.
c) Hagyjuk kelni, nyújtsuk ki a tésztát, és formáljuk belőle koszorút.
d) Helyezzen rá kiwi szeleteket, hagyja újra megkelni, majd süsse 190 °C-on 30-35 percig.

VEGGIE BRIÓS

52. Brioches de pommes de terre

ÖSSZETEVŐK:

- 1½ font Főtt burgonya, meghámozva és negyedelve
- 4 evőkanál sótlan vaj, kockára vágva, szobahőmérsékleten
- 3 nagy tojássárgája
- ½ teáskanál Só
- Fehér bors ízlés szerint
- 1 teáskanál Tej
- 8 Jól kivajazott miniatűr briósforma, hűtve

UTASÍTÁS:

a) Egy vízforralóban öntsük le a burgonyát hideg vízzel, és forraljuk fel a sós vizet. Pároljuk a burgonyát 12-15 percig, vagy amíg megpuhul. A burgonyát lecsöpögtetjük, és egy rizselőgépen át egy tálba nyomkodjuk.
b) Keverje hozzá a vajat, 2 tojássárgáját, sót és fehér borsot, és hagyja hűlni legalább 20 percig, de legfeljebb 2 órán keresztül.
c) Melegítse elő a sütőt 425 F fokra.
d) A keverékből ¼ csészét tegyünk enyhén lisztezett felületre, enyhén lisztezett kézzel csipkedjünk le egy márvány méretű darabot, és tartsuk le. A nagyobbik részét sima golyóvá forgatjuk, és óvatosan az egyik kihűlt formába tesszük. Finoman készítsen sekély bemélyedést a golyó tetején, a fenntartott márvány méretű részből formáljon sima golyót, és óvatosan helyezze a bemélyedésbe.
e) Egy kis tálkában keverje össze az utolsó tojássárgáját a tejjel, és kenje meg a tojáslevessel az egyes briósokat, ügyelve arra, hogy ne essen le a forma oldaláról. Sütőlapon süssük 25-30 percig, vagy amíg aranybarnák nem lesznek. Rácson hagyjuk hűlni 20 percig.
f) Lazítsa meg a széleit fém nyárssal, és fordítsa meg, hogy óvatosan vegye ki a formákból.
g) Egy nappal előre elkészíthetők. Hűtve és lefedve tároljuk, majd 15 percig 400 F.-on melegítjük.

53. Spenóttal és fetával töltött brióstekercs

ÖSSZETEVŐK:

- 3 1/2 csésze univerzális liszt
- 1/4 csésze cukor
- 1 teáskanál só
- 1 csomag aktív száraz élesztő
- 1/2 csésze meleg tej
- 3 nagy tojás
- 1/2 csésze sózatlan vaj, megpuhult
- 1 csésze friss spenót, apróra vágva
- 1/2 csésze morzsolt feta sajt

UTASÍTÁS:

a) Keverjük össze a meleg tejet és az élesztőt, hagyjuk keleszteni.
b) Keverjük össze a lisztet, a cukrot és a sót. Adjuk hozzá az élesztős keveréket, a tojást és a lágy vajat. Simára gyúrjuk.
c) Óvatosan beleforgatjuk az apróra vágott spenótot és a feta sajtot.
d) Hagyjuk megkelni, formázzuk tekercseket, és tegyük egy tepsibe.
e) Hagyja újra kelni, majd süsse 190 °C-on 20-25 percig.

54. Pirított pirospaprika és kecskesajtos briós torta

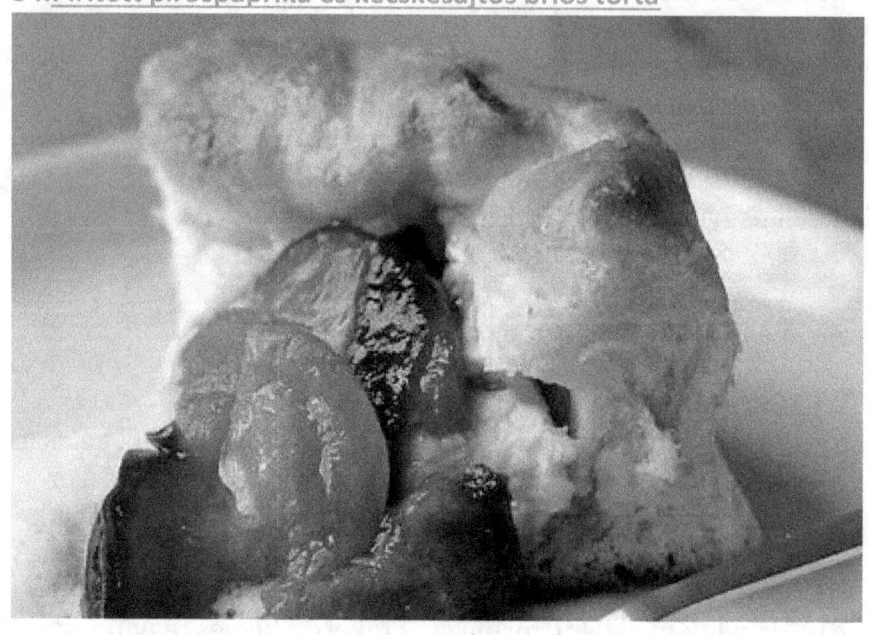

ÖSSZETEVŐK:
- 4 csésze kenyérliszt
- 1/4 csésze cukor
- 1 teáskanál só
- 1 csomag instant élesztő
- 1 csésze meleg víz
- 3 nagy tojás
- 1/2 csésze sózatlan vaj, olvasztott
- 1 csésze pirított pirospaprika, kockára vágva
- 1/2 csésze morzsolt kecskesajt

UTASÍTÁS:
a) Az élesztőt meleg vízben feloldjuk, 5 percig állni hagyjuk.
b) Keverjük össze a lisztet, a cukrot és a sót. Adjuk hozzá az élesztős keveréket, a tojásokat és az olvasztott vajat. Simára gyúrjuk.
c) Óvatosan beleforgatjuk a kockára vágott pirított pirospaprikát és a kecskesajtot.
d) Hagyjuk kelni, nyújtsuk ki a tésztát, és tegyük egy tortaformába.
e) Hagyja újra kelni, majd süsse 175 °C-on 25-30 percig.

55. Gombás és svájci sajtos briós fonat

ÖSSZETEVŐK:

- 3 1/4 csésze univerzális liszt
- 1/4 csésze cukor
- 1 teáskanál só
- 1 csomag aktív száraz élesztő
- 1/2 csésze meleg tej
- 3 nagy tojás
- 1/2 csésze sózatlan vaj, megpuhult
- 1 csésze gomba, apróra vágva
- 1 csésze reszelt svájci sajt

UTASÍTÁS:

a) A meleg tejet és az élesztőt összekeverjük, hagyjuk felhabosodni.
b) Keverjük össze a lisztet, a cukrot és a sót. Adjuk hozzá az élesztős keveréket, a tojást és a lágy vajat. Simára gyúrjuk.
c) Óvatosan beleforgatjuk az apróra vágott gombát és a reszelt svájci sajtot.
d) Hagyjuk kelni, osszuk részekre, és fonjuk be a darabokat.
e) Sütőpapíros tepsire tesszük, hagyjuk újra megkelni, majd 190 °C-on 25-30 percig sütjük.

56.Cukkini és parmezán briós Focaccia

ÖSSZETEVŐK:

- 4 csésze kenyérliszt
- 1/3 csésze cukor
- 1 teáskanál só
- 1 csomag instant élesztő
- 1 csésze meleg víz
- 3 nagy tojás
- 1/2 csésze sózatlan vaj, olvasztott
- 1 csésze reszelt cukkini
- 1/2 csésze reszelt parmezán sajt

UTASÍTÁS:

a) Az élesztőt meleg vízben feloldjuk, 5 percig állni hagyjuk.
b) Keverjük össze a lisztet, a cukrot és a sót. Adjuk hozzá az élesztős keveréket, a tojásokat és az olvasztott vajat. Simára gyúrjuk.
c) Óvatosan beleforgatjuk a reszelt cukkinit és a parmezán sajtot.
d) Hagyjuk kelni, a tésztát egy tepsibe terítjük, hogy focaccia formát formázzon.
e) Hagyja újra kelni, majd süsse 175 °C-on 25-30 percig.

57. Szárított paradicsomos és bazsalikomos briós tekercs

ÖSSZETEVŐK:
- 3 1/2 csésze univerzális liszt
- 1/4 csésze cukor
- 1 teáskanál só
- 1 csomag aktív száraz élesztő
- 1/2 csésze meleg tej
- 3 nagy tojás
- 1/2 csésze sózatlan vaj, megpuhult
- 1/2 csésze szárított paradicsom, apróra vágva
- 1/4 csésze friss bazsalikom, apróra vágva

UTASÍTÁS:
a) Keverjük össze a meleg tejet és az élesztőt, hagyjuk keleszteni.
b) Keverjük össze a lisztet, a cukrot és a sót. Adjuk hozzá az élesztős keveréket, a tojást és a lágy vajat. Simára gyúrjuk.
c) Óvatosan forgasd bele az apróra vágott szárított paradicsomot és a friss bazsalikomot.
d) Hagyjuk megkelni, formázzuk tekercseket, és tegyük egy tepsibe.
e) Hagyja újra kelni, majd süsse 190 °C-on 20-25 percig.

58.Brokkolis és Cheddar töltött briós zsemle

ÖSSZETEVŐK:
- 4 csésze kenyérliszt
- 1/4 csésze cukor
- 1 teáskanál só
- 1 csomag instant élesztő
- 1 csésze meleg víz
- 3 nagy tojás
- 1/2 csésze sózatlan vaj, olvasztott
- 1 csésze brokkoli rózsa megpárolva és apróra vágva
- 1 csésze reszelt cheddar sajt

UTASÍTÁS:
a) Az élesztőt meleg vízben feloldjuk, 5 percig állni hagyjuk.
b) Keverjük össze a lisztet, a cukrot és a sót. Adjuk hozzá az élesztős keveréket, a tojásokat és az olvasztott vajat. Simára gyúrjuk.
c) Óvatosan forgasd bele a párolt és apróra vágott brokkolit és a reszelt cheddar sajtot.
d) Hagyjuk megkelni, zsemlét formázunk, és sütőpapíros tepsire tesszük.
e) Hagyja újra kelni, majd süsse 175 °C-on 25-30 percig.

59.Karamellizált hagyma és Gruyère Brioche torta

ÖSSZETEVŐK:

- 3 1/4 csésze univerzális liszt
- 1/4 csésze cukor
- 1 teáskanál só
- 1 csomag aktív száraz élesztő
- 1/2 csésze meleg tej
- 3 nagy tojás
- 1/2 csésze sózatlan vaj, megpuhult
- 2 nagy vöröshagyma vékonyra szeletelve és karamellizálva
- 1 csésze reszelt Gruyère sajt

UTASÍTÁS:

a) A meleg tejet és az élesztőt összekeverjük, hagyjuk felhabosodni.
b) Keverjük össze a lisztet, a cukrot és a sót. Adjuk hozzá az élesztős keveréket, a tojást és a lágy vajat. Simára gyúrjuk.
c) Finoman beleforgatjuk a karamellizált hagymát és a reszelt Gruyère sajtot.
d) Hagyjuk kelni, nyújtsuk ki a tésztát, és tegyük egy tortaformába.
e) Hagyja újra kelni, majd süsse 190 °C-on 30-35 percig.

60. Articsóka és Pesto Brioche Pinwheels

ÖSSZETEVŐK:

- 4 csésze kenyérliszt
- 1/3 csésze cukor
- 1 teáskanál só
- 1 csomag instant élesztő
- 1 csésze meleg víz
- 3 nagy tojás
- 1/2 csésze sózatlan vaj, olvasztott
- 1 csésze pácolt articsóka szív, apróra vágva
- 1/4 csésze pesto szósz

UTASÍTÁS:

a) Az élesztőt meleg vízben feloldjuk, 5 percig állni hagyjuk.
b) Keverjük össze a lisztet, a cukrot és a sót. Adjuk hozzá az élesztős keveréket, a tojásokat és az olvasztott vajat. Simára gyúrjuk.
c) Óvatosan forgasd bele az apróra vágott pácolt articsóka szíveket és a pesto szószt.
d) Hagyjuk kelni, nyújtsuk ki a tésztát, kenjük be egyenletesen a pesto-t és az articsókát, majd sodorjuk hasábpá.
e) Kerekekre vágjuk, sütőpapíros tepsire tesszük, és újra kelesztjük.
f) Süssük 175 °C-on 20-25 percig.

SAJTÓS BRIÓS

61.Sajtos briós

ÖSSZETEVŐK:

- 1 csésze víz
- 2 uncia margarin
- 1 teáskanál só
- 1 teáskanál cayenne bors
- 1 csésze fehérítetlen fehér liszt, átszitálva
- 3 tojás
- 3 uncia gruyere sajt, finomra vágva

UTASÍTÁS:

a) Melegítsük elő a sütőt 375 F-ra. Egy 1 literes serpenyőben, kis lángon forraljuk fel a vizet, a margarint, a sót és a cayenne-t. Amikor a margarin elolvad, csökkentse a hőt. Adjunk hozzá lisztet. A tésztából golyó lesz.
b) Folyamatosan keverje a labdát fakanállal 2-3 percig.
c) Gyakran kaparja meg a tepsi alját, hogy a tészta ne ragadjon le. Vegyük le a tűzről, és tegyük a tésztát egy nagy keverőtálba. A tésztát a tálba terítjük, és 10 percig hűlni hagyjuk.
d) Mivel a keze hamarosan nagyon ragacsos lesz, helyezzen egy nagy tepsit a tál közelébe, mielőtt elkezdi a következő lépést.
e) Amikor a tészta elég kihűlt ahhoz, hogy a tojás ne süljön meg a tésztában, adjon hozzá minden tojást a tésztához. Kézzel pépesítsd, amíg a tojás teljesen el nem keveredik. Adjunk hozzá sajtot, és alaposan keverjük össze.
f) Helyezze a tésztagolyót a kiolajozott tepsi közepére. Nyújtsa ki a tésztát a közepétől, hogy egy 5 x 8 hüvelykes ovális gyűrűt formázzon.

62. Sajtos körte briós

ÖSSZETEVŐK:

TÉSZTÁHOZ:
- 1/5 csésze tej
- 5 tojás
- ⅓ csésze cukor
- 3½ csésze univerzális liszt
- 1½ teáskanál aktív száraz élesztő ½ teáskanál só
- Hangjelzés után:
- 1 csésze fagyasztott vaj, kockára vágva

TÖLTŐ:
- 1 körte
- 1 ⅓ csésze krémsajt

MÁZHOZ:
- 1 tojás

UTASÍTÁS:

a) A tésztát kenyérsütőgépben gyúrjuk. Kivesszük, konyhai fóliával feltekerjük, és egy éjszakára a hűtőbe tesszük.

b) Mielőtt elkezdené sütni a zsemléket, tegye a tésztát meleg helyre 1 órára.

c) Ezt követően a tésztát 12 egyenlő részre vágjuk. Csípjen le egy kis darab tésztát minden részről.

d) A kis és nagy tésztadarabokat gömbökké formázzuk.

e) Helyezze a nagy gömböket kivajazott cupcake-sütőpoharakba, és nyomja az ujját a tetejük közepéhez, hogy egy kicsit mélyüljön.

f) Hámozzon meg és vágjon apróra 1 körtét, és keverje össze lágy sajttal. A nagy tésztagömbbe mélyítést készítünk, az mélyítőbe tesszük a tölteléket, majd a kis gömbbel letakarjuk.

g) Törülközővel letakarva 1 órát pihentetjük és kelni.

h) Melegítsük elő a sütőt 180 C-ra (350 F fokra).

i) Kenje meg a briósok felületét egy felvert tojással.

j) Előmelegített sütőben 15-20 perc alatt aranybarnára sütjük.

k) Hűtsük le a briós a rácson.

63.Napon szárított paradicsom és mozzarella briós

ÖSSZETEVŐK:
- 1/2 csésze tej
- 5 tojás
- 1/3 csésze cukor
- 3 1/2 csésze univerzális liszt
- 1 1/2 teáskanál aktív száraz élesztő
- 1/2 teáskanál só
- 1 csésze reszelt mozzarella sajt
- 1/2 csésze szárított paradicsom (apróra vágva)
- 1 teáskanál szárított oregánó
- 1 csésze fagyasztott vaj, kockára vágva
- 1 tojás (mázhoz)

UTASÍTÁS:
a) Kenyérgépben keverje össze a tejet, a tojást, a cukrot, a lisztet, az élesztőt és a sót.
b) A kezdeti dagasztás után adjuk hozzá a kockára vágott fagyasztott vajat. Hagyja, hogy a kenyérsütőgép befejezze a tésztaciklust.
c) A tésztát kivesszük, konyhai fóliával becsomagoljuk, és egy éjszakára hűtőbe tesszük.
d) Sütés előtt a tésztát 1 órát meleg helyen pihentetjük. Osszuk 12 részre.
e) A tésztából nagy adagokat formázunk gömbökké, és kivajazott cupcake sütőedényekbe tesszük.
f) Nyomja meg minden nagy gömb közepét egy mélyítés létrehozásához.
g) Keverje össze a felaprított mozzarellát az apróra vágott szárított paradicsommal és szárított oregánóval.
h) Az egyes tésztagömbök mélyedéseit megtöltjük a mozzarellás, szárított paradicsom és oregánó keverékkel.
i) Letakarjuk egy törülközővel, és még egy órát pihentetjük, hogy megkeljen.
j) Melegítsük elő a sütőt 350°F-ra (180°C).
k) Felverünk egy tojást, és minden briós felületét megkenjük a tojásmosóval.
l) Süssük 15-20 percig, vagy amíg aranybarna nem lesz.
m) Hűtsük le az aszalt paradicsomot és mozzarella brióst egy rácson.

64. Parmezán és fokhagyma briós csomók

ÖSSZETEVŐK:
- 1/2 csésze tej
- 5 tojás
- 1/3 csésze cukor
- 3 1/2 csésze univerzális liszt
- 1 1/2 teáskanál aktív száraz élesztő
- 1/2 teáskanál só
- 1 csésze reszelt parmezán sajt
- 3 gerezd fokhagyma (darált)
- 2 evőkanál friss petrezselyem (apróra vágva)
- 1 csésze fagyasztott vaj, kockára vágva
- 1 tojás (mázhoz)

UTASÍTÁS:
a) Kenyérgépben keverje össze a tejet, a tojást, a cukrot, a lisztet, az élesztőt és a sót.
b) A kezdeti dagasztás után adjuk hozzá a kockára vágott fagyasztott vajat. Hagyja, hogy a kenyérsütőgép befejezze a tésztaciklust.
c) A tésztát kivesszük, konyhai fóliával becsomagoljuk, és egy éjszakára hűtőbe tesszük.
d) Sütés előtt a tésztát 1 órát meleg helyen pihentetjük. Osszuk 12 részre.
e) Formáljon minden adagot csomóvá, hogy egyedi csavart kapjon, és helyezze őket egy sütőlapra.
f) Egy tálban keverjük össze a reszelt parmezánt, a darált fokhagymát és az apróra vágott friss petrezselymet.
g) Minden csomót megforgatunk a parmezán, fokhagyma és petrezselyem keverékében, ügyelve arra, hogy jól bevonják őket.
h) Letakarjuk egy törülközővel, és még egy órát pihentetjük, hogy megkeljen.
i) Melegítsük elő a sütőt 350°F-ra (180°C).
j) Verjünk fel egy tojást, és kenjük le minden briós csomó felületét a tojásmosóval.
k) Süssük 15-20 percig, vagy amíg aranybarna nem lesz.
l) Hűtsük le a parmezán és fokhagymás briós csomókat egy rácson.

65.Bacon és Cheddar töltött briós

ÖSSZETEVŐK:

- 1/2 csésze tej
- 5 tojás
- 1/3 csésze cukor
- 3 1/2 csésze univerzális liszt
- 1 1/2 teáskanál aktív száraz élesztő
- 1/2 teáskanál só
- 1 csésze főtt és morzsolt szalonna
- 1 csésze reszelt cheddar sajt
- 1 csésze fagyasztott vaj, kockára vágva
- 1 tojás (mázhoz)

UTASÍTÁS:

a) Kenyérgépben keverje össze a tejet, a tojást, a cukrot, a lisztet, az élesztőt és a sót.
b) A kezdeti dagasztás után adjuk hozzá a kockára vágott fagyasztott vajat. Hagyja, hogy a kenyérsütőgép befejezze a tésztaciklust.
c) A tésztát kivesszük, konyhai fóliával becsomagoljuk, és egy éjszakára hűtőbe tesszük.
d) Sütés előtt a tésztát 1 órát meleg helyen pihentetjük. Osszuk 12 részre.
e) A tésztából nagy adagokat formázunk gömbökké, és kivajazott cupcake sütőedényekbe tesszük.
f) Nyomja meg minden nagy gömb közepét egy mélyítés létrehozásához.
g) A megfőtt és morzsolt szalonnát összekeverjük a reszelt cheddarral.
h) Az egyes tésztagömbök mélyedéseit megtöltjük a bacon és cheddar keverékkel.
i) Letakarjuk egy törülközővel, és még egy órát pihentetjük, hogy megkeljen.
j) Melegítsük elő a sütőt 350°F-ra (180°C).
k) Felverünk egy tojást, és minden briós felületét megkenjük a tojásmosóval.
l) Süssük 15-20 percig, vagy amíg aranybarna nem lesz.
m) Hűtsük le a Bacon és Cheddar töltött brióst egy rácson.

66.Jalapeño és Pepper Jack Brioche Rolls

ÖSSZETEVŐK:

- 1/2 csésze tej
- 5 tojás
- 1/3 csésze cukor
- 3 1/2 csésze univerzális liszt
- 1 1/2 teáskanál aktív száraz élesztő
- 1/2 teáskanál só
- 1 csésze reszelt Pepper Jack sajt
- 1/2 csésze pácolt jalapeño (apróra vágva)
- 1 csésze fagyasztott vaj, kockára vágva
- 1 tojás (mázhoz)

UTASÍTÁS:

a) Kenyérgépben keverje össze a tejet, a tojást, a cukrot, a lisztet, az élesztőt és a sót.
b) A kezdeti dagasztás után adjuk hozzá a kockára vágott fagyasztott vajat. Hagyja, hogy a kenyérsütőgép befejezze a tésztaciklust.
c) A tésztát kivesszük, konyhai fóliával becsomagoljuk, és egy éjszakára hűtőbe tesszük.
d) Sütés előtt a tésztát 1 órát meleg helyen pihentetjük. Osszuk 12 részre.
e) A tésztából nagy adagokat formázunk gömbökké, és kivajazott cupcake sütőedényekbe tesszük.
f) Nyomja meg minden nagy gömb közepét egy mélyítés létrehozásához.
g) Keverje össze a reszelt Pepper Jack sajtot apróra vágott ecetes jalapenóval.
h) Az egyes tésztagömbök mélyedéseit megtöltjük a jalapeño-sajtos keverékkel.
i) Letakarjuk egy törülközővel, és még egy órát pihentetjük, hogy megkeljen.
j) Melegítsük elő a sütőt 350°F-ra (180°C).
k) Felverünk egy tojást, és minden briós felületét megkenjük a tojásmosóval.
l) Süssük 15-20 percig, vagy amíg aranybarna nem lesz.
m) Hűtse le a Jalapeño és Pepper Jack Brioche tekercseket egy rácson.

67. Gouda és gyógynövényes briós

ÖSSZETEVŐK:
- 1/2 csésze tej
- 5 tojás
- 1/3 csésze cukor
- 3 1/2 csésze univerzális liszt
- 1 1/2 teáskanál aktív száraz élesztő
- 1/2 teáskanál só
- 1 csésze reszelt Gouda sajt
- 1 csésze fagyasztott vaj, kockára vágva
- 1 tojás (mázhoz)
- 1 evőkanál vegyes fűszernövények

UTASÍTÁS:
a) Kenyérgépben keverje össze a tejet, a tojást, a cukrot, a lisztet, az élesztőt és a sót.
b) A kezdeti dagasztás után adjuk hozzá a kockára vágott fagyasztott vajat. Hagyja, hogy a kenyérsütőgép befejezze a tésztaciklust.
c) A tésztát kivesszük, konyhai fóliával becsomagoljuk, és egy éjszakára hűtőbe tesszük.
d) Sütés előtt a tésztát 1 órát meleg helyen pihentetjük. Osszuk 12 részre.
e) A tésztából nagy adagokat formázunk gömbökké, és kivajazott cupcake sütőedényekbe tesszük.
f) Nyomja meg minden nagy gömb közepét egy mélyítés létrehozásához.
g) Keverje össze a felaprított Goudát fűszernövényekkel, és töltse meg a keverékkel a mélyítést.
h) Letakarjuk egy törülközővel, és még egy órát pihentetjük, hogy megkeljen.
i) Melegítsük elő a sütőt 350°F-ra (180°C).
j) Minden briós felületét megkenjük egy felvert tojással.
k) Süssük 15-20 percig, vagy amíg aranybarna nem lesz.
l) Hűtsük le a briost egy rácson.

68. Kéksajt és diós briós

ÖSSZETEVŐK:

- 1/2 csésze tej
- 5 tojás
- 1/3 csésze cukor
- 3 1/2 csésze univerzális liszt
- 1 1/2 teáskanál aktív száraz élesztő
- 1/2 teáskanál só
- 1 csésze kék sajt
- 1 csésze fagyasztott vaj, kockára vágva
- 1 csésze darált dió
- 1 tojás (mázhoz)

UTASÍTÁS:

a) Kenyérgépben keverje össze a tejet, a tojást, a cukrot, a lisztet, az élesztőt és a sót.
b) A kezdeti dagasztás után adjuk hozzá a kockára vágott fagyasztott vajat. Hagyja, hogy a kenyérsütőgép befejezze a tésztaciklust.
c) A tésztát kivesszük, konyhai fóliával becsomagoljuk, és egy éjszakára hűtőbe tesszük.
d) Sütés előtt a tésztát 1 órát meleg helyen pihentetjük. Osszuk 12 részre.
e) A tésztából nagy adagokat formázunk gömbökké, és kivajazott cupcake sütőedényekbe tesszük.
f) Nyomja meg minden nagy gömb közepét egy mélyítés létrehozásához.
g) A kéksajtot morzsoljuk össze és keverjük össze a darált dióval.
h) Az egyes tésztagömbök mélyedéseit megtöltjük a kéksajt-diós keverékkel.
i) Letakarjuk egy törülközővel, és még egy órát pihentetjük, hogy megkeljen.
j) Melegítsük elő a sütőt 350°F-ra (180°C).
k) Felverünk egy tojást, és minden briós felületét megkenjük a tojásmosóval.
l) Süssük 15-20 percig, vagy amíg aranybarna nem lesz.
m) Hűtsük le a kéksajtot és a diós briósт egy rácson.

DIÓS BRIÓS

69. Édes briós mazsolával és mandulával

ÖSSZETEVŐK:

- 1 uncia friss élesztő
- 4 uncia tej; felforraljuk és langyosra hűtjük
- ½ uncia Finom só
- 18 uncia liszt
- 6 tojás
- 12 uncia vaj
- 3 uncia cukor
- 7 uncia mazsola
- 3 evőkanál rum
- 4 uncia egész mandula; bőrös és nagyon világos pirítású
- 1 tojássárgája keverve:
- 1 evőkanál Tej
- Vajat a formához
- Porcukor (porcukor) a porozáshoz

UTASÍTÁS:

a) Tegye az élesztőt és a tejet a turmixgép edényébe, és enyhén felverje. Adjuk hozzá a sót, majd a lisztet és a tojást. Kapcsolja be a keverőt közepes sebességre, és dolgozza a keveréket a tésztahoroggal körülbelül 10 percig, amíg a tészta sima és rugalmas lesz, és bőséges testet kap.

b) Keverjük össze a vajat és a cukrot, csökkentsük a keverő sebességét alacsonyra, majd apránként adjuk a vajas keveréket a tésztához, folyamatosan dolgozva a tésztát.

c) Amikor az összes vajat beledolgozta, növelje a sebességet, és keverje 8-10 percig a mixerben vagy körülbelül 15 percig kézzel, amíg a tészta nagyon sima és fényes nem lesz. Rugalmasnak és meglehetősen rugalmasnak kell lennie, és el kell távolodnia a tál oldalától.

d) Fedjük le a tésztát egy sütőlappal, és hagyjuk meleg helyen, körülbelül 75 F-on 2 órán át, amíg duplájára nem nő.

e) Üsd vissza a tésztát ököllel legfeljebb 2-3 alkalommal. Tepsivel letakarva legalább 4 órára, de legfeljebb 24 órára hűtőbe tesszük.

f) Elkészítés, mazsola: A mazsolát a rummal egy tálba tesszük, fóliával letakarjuk, és több órán át állni hagyjuk.

ÖNTVÉNY:

g) Bőségesen vajazza ki a formát, és helyezze a mandula egyharmadát a bordák aljára.
h) Enyhén lisztezett felületen nyújtsuk ki a kihűlt tésztát keskeny téglalappá, amely elég hosszú ahhoz, hogy a forma alját kibélelje.
i) A maradék mandulát felaprítjuk, és a rummal áztatott mazsolával a tésztára szórjuk.
j) Nyújtsuk ki a tésztát zsíros kolbászformára, erősen nyomkodjuk össze. A forma alja köré rendezzük és enyhén nyomkodjuk le.
k) A két szélét nagyon kevés tojássárgája-tej-keverékkel zárjuk össze. Hagyja meleg helyen. körülbelül 77 F-on körülbelül 2 és fél órán keresztül, amíg a tészta háromnegyedére nem emelkedik, töltse meg a formát.
l) Melegítse elő a sütőt 425 F-ra.
m) Süssük a briost az előmelegített sütőben 10 percig, majd vegyük le a hőmérsékletet 400 F-ra, és süssük további 35 percig. Ha a vége felé kezd barnulni, fedjük le zsírpapírral.
n) A forró briost fordítsa rácsra, óvatosan távolítsa el a formát, és tegye vissza a sütőbe 5 percre, hogy a közepe befejezze a főzést és enyhén elszíneződjön. Tálalás előtt legalább 2 órát hűlni hagyjuk.
o) Tálalás: Enyhén megszórjuk porcukorral.

70.Diós pekándiós karamell briós

ÖSSZETEVŐK:

- 1/2 csésze tej
- 5 tojás
- 1/3 csésze cukor
- 3 1/2 csésze univerzális liszt
- 1 1/2 teáskanál aktív száraz élesztő
- 1/2 teáskanál só
- 1 csésze apróra vágott pekándió
- 1 csésze fagyasztott vaj, kockára vágva
- 1/2 csésze karamell szósz
- 1 tojás (mázhoz)

UTASÍTÁS:

a) Kenyérgépben keverje össze a tejet, a tojást, a cukrot, a lisztet, az élesztőt és a sót.
b) A kezdeti dagasztás után adjuk hozzá a kockára vágott fagyasztott vajat.
c) Hagyja, hogy a kenyérsütőgép befejezze a tésztaciklust.
d) A tésztát kivesszük, konyhai fóliával becsomagoljuk, és egy éjszakára hűtőbe tesszük.
e) Sütés előtt a tésztát 1 órát meleg helyen pihentetjük.
f) A tésztát 12 egyenlő részre osztjuk.
g) A tésztából nagy adagokat formázunk gömbökké, és kivajazott cupcake sütőedényekbe tesszük.
h) A tésztába keverjük az apróra vágott pekándiót.
i) A tésztát 12 részre formázzuk, és kivajazott cupcake-sütőpoharakba helyezzük.
j) Nyomja meg minden nagy gömb közepét egy mélyítés létrehozásához.
k) Az elmélyítést megtöltjük egy csepp karamellszósszal.
l) Letakarjuk egy törülközővel, és még egy órát pihentetjük, hogy megkeljen.
m) Melegítsük elő a sütőt 350°F-ra (180°C).
n) Felverünk egy tojást, és minden briós felületét megkenjük a tojásmosóval.
o) Süssük 15-20 percig, vagy amíg aranybarna nem lesz.
p) Hűtsük le a diós pekándiós karamell brióst egy rácson.

71.Mandulás és mézes briós tekercs

ÖSSZETEVŐK:

- 1/2 csésze tej
- 5 tojás
- 1/3 csésze cukor
- 3 1/2 csésze univerzális liszt
- 1 1/2 teáskanál aktív száraz élesztő
- 1/2 teáskanál só
- 1 csésze szeletelt mandula
- 1 csésze fagyasztott vaj, kockára vágva
- 1/4 csésze méz
- 1 tojás (mázhoz)

UTASÍTÁS:

a) Kenyérgépben keverje össze a tejet, a tojást, a cukrot, a lisztet, az élesztőt és a sót.
b) A kezdeti dagasztás után adjuk hozzá a kockára vágott fagyasztott vajat.
c) Hagyja, hogy a kenyérsütőgép befejezze a tésztaciklust.
d) A tésztát kivesszük, konyhai fóliával becsomagoljuk, és egy éjszakára hűtőbe tesszük.
e) Sütés előtt a tésztát 1 órát meleg helyen pihentetjük.
f) A tésztát 12 egyenlő részre osztjuk.
g) A tésztából nagy adagokat formázunk gömbökké, és kivajazott cupcake sütőedényekbe tesszük.
h) A tésztába keverjük a szeletelt mandulát.
i) A tésztát 12 részre formázzuk, és kivajazott cupcake-sütőpoharakba helyezzük.
j) Nyomja meg minden nagy gömb közepét egy mélyítés létrehozásához.
k) Minden briós mélyedésébe csepegtess egy kis mézet.
l) Letakarjuk egy törülközővel, és még egy órát pihentetjük, hogy megkeljen.
m) Melegítsük elő a sütőt 350°F-ra (180°C).
n) Felverünk egy tojást, és minden briós felületét megkenjük a tojásmosóval.
o) Süssük 15-20 percig, vagy amíg aranybarna nem lesz.
p) Hűtsük le a mandulás és mézes briós tekercseket egy rácson.

72. Dió- és juharszirupos briós csomók

ÖSSZETEVŐK:

- 1/2 csésze tej
- 5 tojás
- 1/3 csésze cukor
- 3 1/2 csésze univerzális liszt
- 1 1/2 teáskanál aktív száraz élesztő
- 1/2 teáskanál só
- 1 csésze darált dió
- 1 csésze fagyasztott vaj, kockára vágva
- 1/2 csésze juharszirup
- 1 tojás (mázhoz)

UTASÍTÁS:

a) Kenyérgépben keverje össze a tejet, a tojást, a cukrot, a lisztet, az élesztőt és a sót.
b) A kezdeti dagasztás után adjuk hozzá a kockára vágott fagyasztott vajat.
c) Hagyja, hogy a kenyérsütőgép befejezze a tésztaciklust.
d) A tésztát kivesszük, konyhai fóliával becsomagoljuk, és egy éjszakára hűtőbe tesszük.
e) Sütés előtt a tésztát 1 órát meleg helyen pihentetjük.
f) A tésztát 12 egyenlő részre osztjuk.
g) A tésztából nagy adagokat formázunk gömbökké, és kivajazott cupcake sütőedényekbe tesszük.
h) A tésztába keverjük a darált diót.
i) A tésztából csomókat formázunk, és sütőlapra helyezzük.
j) Minden brióscsomót csorgassunk juharsziruppal.
k) Letakarjuk egy törülközővel, és még egy órát pihentetjük, hogy megkeljen.
l) Melegítsük elő a sütőt 350°F-ra (180°C).
m) Verjünk fel egy tojást, és kenjük le minden briós csomó felületét a tojásmosóval.
n) Süssük 15-20 percig, vagy amíg aranybarna nem lesz.
o) Hűtsük le a dió- és juharszirupos briós csomókat egy rácson.

73. Mogyorós csokoládé chips briós kavarog

ÖSSZETEVŐK:

- 1/2 csésze tej
- 5 tojás
- 1/3 csésze cukor
- 3 1/2 csésze univerzális liszt
- 1 1/2 teáskanál aktív száraz élesztő
- 1/2 teáskanál só
- 1 csésze apróra vágott mogyoró
- 1 csésze fagyasztott vaj, kockára vágva
- 1/2 csésze csokoládé chips
- 1 tojás (mázhoz)

UTASÍTÁS:

a) Kenyérgépben keverje össze a tejet, a tojást, a cukrot, a lisztet, az élesztőt és a sót.
b) A kezdeti dagasztás után adjuk hozzá a kockára vágott fagyasztott vajat.
c) Hagyja, hogy a kenyérsütőgép befejezze a tésztaciklust.
d) A tésztát kivesszük, konyhai fóliával becsomagoljuk, és egy éjszakára hűtőbe tesszük.
e) Sütés előtt a tésztát 1 órát meleg helyen pihentetjük.
f) A tésztát 12 egyenlő részre osztjuk.
g) A tésztából nagy adagokat formázunk gömbökké, és kivajazott cupcake sütőedényekbe tesszük.
h) A tésztába keverjük a darált mogyorót és a csokireszeléket.
i) Nyújtsuk ki a tésztát téglalap alakúra, és szórjuk bele egyenletesen a dió-csokoládé keveréket.
j) A tésztát gördítsük hasábpá, és szeleteljük 12 körbe.
k) Helyezze a köröket kivajazott cupcake sütőedényekbe.
l) Letakarjuk egy törülközővel, és még egy órát pihentetjük, hogy megkeljen.
m) Melegítsük elő a sütőt 350°F-ra (180°C).
n) Felverünk egy tojást, és minden briós örvény felületét megkenjük a tojásmosóval.
o) Süssük 15-20 percig, vagy amíg aranybarna nem lesz.
p) Hűtsük le a mogyorós csokoládéforgácsot egy rácson.

74. Kesudió és narancshéjú briós

ÖSSZETEVŐK:

- 1/2 csésze tej
- 5 tojás
- 1/3 csésze cukor
- 3 1/2 csésze univerzális liszt
- 1 1/2 teáskanál aktív száraz élesztő
- 1/2 teáskanál só
- 1 csésze apróra vágott kesudió
- 1 csésze fagyasztott vaj, kockára vágva
- 2 narancs héja
- 1 tojás (mázhoz)

UTASÍTÁS:

a) Kenyérgépben keverje össze a tejet, a tojást, a cukrot, a lisztet, az élesztőt és a sót.
b) A kezdeti dagasztás után adjuk hozzá a kockára vágott fagyasztott vajat.
c) Hagyja, hogy a kenyérsütőgép befejezze a tésztaciklust.
d) A tésztát kivesszük, konyhai fóliával becsomagoljuk, és egy éjszakára hűtőbe tesszük.
e) Sütés előtt a tésztát 1 órát meleg helyen pihentetjük.
f) A tésztát 12 egyenlő részre osztjuk.
g) A tésztából nagy adagokat formázunk gömbökké, és kivajazott cupcake sütőedényekbe tesszük.
h) A tésztába keverjük az apróra vágott kesudiót és a narancshéjat.
i) A tésztát 12 részre formázzuk, és kivajazott cupcake-sütőpoharakba helyezzük.
j) Nyomja meg minden nagy gömb közepét egy mélyítés létrehozásához.
k) Letakarjuk egy törülközővel, és még egy órát pihentetjük, hogy megkeljen.
l) Melegítsük elő a sütőt 350°F-ra (180°C).
m) Felverünk egy tojást, és minden briós felületét megkenjük a tojásmosóval.
n) Süssük 15-20 percig, vagy amíg aranybarna nem lesz.
o) Hűtsük le a kesudió- és narancshéjas briőst egy rácson.

75.Pisztácia és málnalekvár briós csomók

ÖSSZETEVŐK:

- 1/2 csésze tej
- 5 tojás
- 1/3 csésze cukor
- 3 1/2 csésze univerzális liszt
- 1 1/2 teáskanál aktív száraz élesztő
- 1/2 teáskanál só
- 1 csésze apróra vágott pisztácia
- 1 csésze fagyasztott vaj, kockára vágva
- Málna lekvár
- 1 tojás (mázhoz)

UTASÍTÁS:

a) Kenyérgépben keverje össze a tejet, a tojást, a cukrot, a lisztet, az élesztőt és a sót.
b) A kezdeti dagasztás után adjuk hozzá a kockára vágott fagyasztott vajat.
c) Hagyja, hogy a kenyérsütőgép befejezze a tésztaciklust.
d) A tésztát kivesszük, konyhai fóliával becsomagoljuk, és egy éjszakára hűtőbe tesszük.
e) Sütés előtt a tésztát 1 órát meleg helyen pihentetjük.
f) A tésztát 12 egyenlő részre osztjuk.
g) A tésztából nagy adagokat formázunk gömbökké, és kivajazott cupcake sütőedényekbe tesszük.
h) A tésztába keverjük az apróra vágott pisztáciát.
i) A tésztából csomókat formázunk, és sütőlapra helyezzük.
j) Minden csomóba készítsünk egy kis mélyedést, és töltsük meg málnalekvárral.
k) Letakarjuk egy törülközővel, és még egy órát pihentetjük, hogy megkeljen.
l) Melegítsük elő a sütőt 350°F-ra (180°C).
m) Verjünk fel egy tojást, és kenjük le minden briós csomó felületét a tojásmosóval.
n) Süssük 15-20 percig, vagy amíg aranybarna nem lesz.
o) Hűtsük le a pisztácia és málnalekváros briós csomókat egy rácson.

76. Makadámdiós és kókuszos briós örvénylések

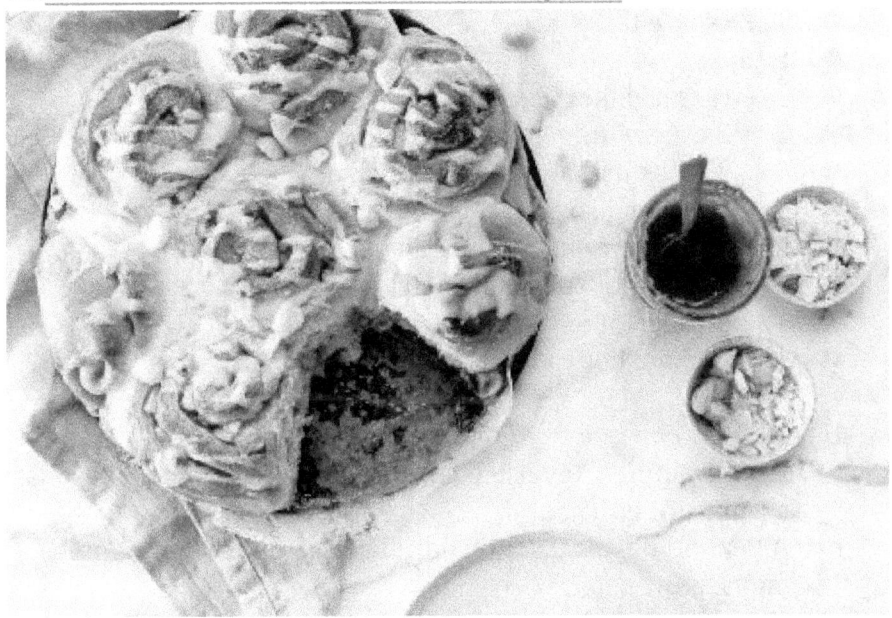

ÖSSZETEVŐK:

- 1/2 csésze tej
- 5 tojás
- 1/3 csésze cukor
- 3 1/2 csésze univerzális liszt
- 1 1/2 teáskanál aktív száraz élesztő
- 1/2 teáskanál só
- 1 csésze apróra vágott makadámdió
- 1 csésze fagyasztott vaj, kockára vágva
- 1/2 csésze kókuszreszelék
- 1 tojás (mázhoz)

UTASÍTÁS:

a) Kenyérgépben keverje össze a tejet, a tojást, a cukrot, a lisztet, az élesztőt és a sót.
b) A kezdeti dagasztás után adjuk hozzá a kockára vágott fagyasztott vajat.
c) Hagyja, hogy a kenyérsütőgép befejezze a tésztaciklust.
d) A tésztát kivesszük, konyhai fóliával becsomagoljuk, és egy éjszakára hűtőbe tesszük.
e) Sütés előtt a tésztát 1 órát meleg helyen pihentetjük.
f) A tésztát 12 egyenlő részre osztjuk.
g) A tésztából nagy adagokat formázunk gömbökké, és kivajazott cupcake sütőedényekbe tesszük.
h) A tésztába keverjük az apróra vágott makadámdiót és a kókuszreszeléket.
i) Nyújtsuk ki a tésztát téglalap alakúra, és szórjuk bele egyenletesen a dió-kókusz keveréket.
j) A tésztát gördítsük hasábpá, és szeleteljük 12 körbe.
k) Helyezze a köröket kivajazott cupcake sütőedényekbe.
l) Letakarjuk egy törülközővel, és még egy órát pihentetjük, hogy megkeljen.
m) Melegítsük elő a sütőt 350°F-ra (180°C).
n) Felverünk egy tojást, és minden briós örvény felületét megkenjük a tojásmosóval.
o) Süssük 15-20 percig, vagy amíg aranybarna nem lesz.
p) Hűtsük le a makadámdió- és kókuszos briós egy rácson.

77. Mogyorós és eszpresszómázas briós

ÖSSZETEVŐK:
- 1/2 csésze tej
- 5 tojás
- 1/3 csésze cukor
- 3 1/2 csésze univerzális liszt
- 1 1/2 teáskanál aktív száraz élesztő
- 1/2 teáskanál só
- 1 csésze apróra vágott mogyoró
- 1 csésze fagyasztott vaj, kockára vágva
- 1/4 csésze erős főzött eszpresszó
- 1 csésze porcukor
- 1 tojás (mázhoz)

UTASÍTÁS:
a) Kenyérgépben keverje össze a tejet, a tojást, a cukrot, a lisztet, az élesztőt és a sót.
b) A kezdeti dagasztás után adjuk hozzá a kockára vágott fagyasztott vajat.
c) Hagyja, hogy a kenyérsütőgép befejezze a tésztaciklust.
d) A tésztát kivesszük, konyhai fóliával becsomagoljuk, és egy éjszakára hűtőbe tesszük.
e) Sütés előtt a tésztát 1 órát meleg helyen pihentetjük.
f) A tésztát 12 egyenlő részre osztjuk.
g) A tésztából nagy adagokat formázunk gömbökké, és kivajazott cupcake sütőedényekbe tesszük.
h) A tésztába keverjük a darált mogyorót.
i) A tésztát 12 részre formázzuk, és kivajazott cupcake-sütőpoharakba helyezzük.
j) Nyomja meg minden nagy gömb közepét egy mélyítés létrehozásához.
k) Letakarjuk egy törülközővel, és még egy órát pihentetjük, hogy megkeljen.
l) Melegítsük elő a sütőt 350°F-ra (180°C).
m) Felverünk egy tojást, és minden briós felületét megkenjük a tojásmosóval.
n) Süssük 15-20 percig, vagy amíg aranybarna nem lesz.
o) Hűtsük le a mogyorós és eszpresszómázas briost egy rácson.

VIRÁGOS BRIÓS

78. Levendulás kukoricalisztes briós

ÖSSZETEVŐK:

- 4 csésze fehér; fehérítetlen liszt
- 1 csésze kukoricadara
- 1 teáskanál Só
- 1 teáskanál Levendula
- 8 uncia meleg zsírmentes tej; 85 fokra melegítjük
- 1 evőkanál friss élesztő
- 1 evőkanál méz
- 2 egész tojás; megverték

UTASÍTÁS:

a) A vízhez és a mézhez hozzáadjuk az élesztőt, majd meleg helyen habosra tesszük, majd hozzáadjuk a felvert tojást.
b) A nedves és száraz hozzávalókat összekeverjük, és 8 percig dagasztjuk. Tedd meleg helyre, és hagyd kelni a tésztát, amíg duplájára nem nő.
c) Ezután kinyomkodjuk és a kívánt formára formázzuk. Hagyja újra kelni a tésztát, amíg a duplájára nem nő, és süsse 350 fokon 25-30 percig.
d) A sütési idő a cipó alakjától és méretétől függően változhat.
e) Akkor történik meg, amikor világosbarnának tűnik, és koppintva üregesnek tűnik.

79.Levendula mézes briós

ÖSSZETEVŐK:
- 1/2 csésze tej
- 5 tojás
- 1/3 csésze cukor
- 3 1/2 csésze univerzális liszt
- 1 1/2 teáskanál aktív száraz élesztő
- 1/2 teáskanál só
- 2 evőkanál szárított levendula virág (kulináris minőségű)
- 1 csésze fagyasztott vaj, kockára vágva
- 1/4 csésze méz
- 1 tojás (mázhoz)

UTASÍTÁS:
a) Kenyérgépben keverje össze a tejet, a tojást, a cukrot, a lisztet, az élesztőt és a sót.
b) A kezdeti dagasztás után adjunk hozzá kockára vágott fagyasztott vajat és szárított levendula virágokat.
c) Hagyja, hogy a kenyérsütőgép befejezze a tésztaciklust.
d) A tésztát kivesszük, konyhai fóliával becsomagoljuk, és egy éjszakára hűtőbe tesszük.
e) Sütés előtt a tésztát 1 órát meleg helyen pihentetjük. Osszuk 12 részre.
f) A tésztából nagy adagokat formázunk gömbökké, és kivajazott cupcake sütőedényekbe tesszük.
g) Nyomja meg minden nagy gömb közepét egy mélyítés létrehozásához.
h) Minden briós mélyedésébe csorgassunk mézet.
i) Letakarjuk egy törülközővel, és még egy órát pihentetjük, hogy megkeljen.
j) Melegítsük elő a sütőt 350°F-ra (180°C).
k) Felverünk egy tojást, és minden briós felületét megkenjük a tojásmosóval.
l) Süssük 15-20 percig, vagy amíg aranybarna nem lesz.
m) Hűtse le a levendula mézes brióst egy rácson.

80. Rózsaszirom és kardamom briós csomók

ÖSSZETEVŐK:

- 1/2 csésze tej
- 5 tojás
- 1/3 csésze cukor
- 3 1/2 csésze univerzális liszt
- 1 1/2 teáskanál aktív száraz élesztő
- 1/2 teáskanál só
- 2 biorózsa szirmai (mosott és apróra vágva)
- 1 csésze fagyasztott vaj, kockára vágva
- 1 teáskanál őrölt kardamom
- 1 tojás (mázhoz)

UTASÍTÁS:

a) Kenyérgépben keverje össze a tejet, a tojást, a cukrot, a lisztet, az élesztőt és a sót.
b) A kezdeti dagasztás után adjuk hozzá a kockára vágott fagyasztott vajat.
c) Hagyja, hogy a kenyérsütőgép befejezze a tésztaciklust.
d) A tésztát kivesszük, konyhai fóliával becsomagoljuk, és egy éjszakára hűtőbe tesszük.
e) Sütés előtt a tésztát 1 órát meleg helyen pihentetjük.
f) A tésztát 12 egyenlő részre osztjuk.
g) A tésztából nagy adagokat formázunk gömbökké, és kivajazott cupcake sütőedényekbe tesszük.
h) A tésztába keverjük az apróra vágott rózsaszirmokat és az őrölt kardamomot.
i) A tésztából csomókat formázunk, és sütőlapra helyezzük.
j) Letakarjuk egy törülközővel, és még egy órát pihentetjük, hogy megkeljen.
k) Melegítsük elő a sütőt 350°F-ra (180°C).
l) Verjünk fel egy tojást, és kenjük le minden briós csomó felületét a tojásmosóval.
m) Süssük 15-20 percig, vagy amíg aranybarna nem lesz.
n) Hűtse le a rózsaszirom és kardamom briós csomókat egy rácson.

81.Narancsvirág és pisztácia briós kavarog

ÖSSZETEVŐK:
- 1/2 csésze tej
- 5 tojás
- 1/3 csésze cukor
- 3 1/2 csésze univerzális liszt
- 1 1/2 teáskanál aktív száraz élesztő
- 1/2 teáskanál só
- 1/4 csésze apróra vágott pisztácia
- 1 csésze fagyasztott vaj, kockára vágva
- 1 teáskanál narancsvirágvíz
- 1 tojás (mázhoz)

UTASÍTÁS:
a) Kenyérgépben keverje össze a tejet, a tojást, a cukrot, a lisztet, az élesztőt és a sót.
b) A kezdeti dagasztás után adjuk hozzá a kockára vágott fagyasztott vajat.
c) Hagyja, hogy a kenyérsütőgép befejezze a tésztaciklust.
d) A tésztát kivesszük, konyhai fóliával becsomagoljuk, és egy éjszakára hűtőbe tesszük.
e) Sütés előtt a tésztát 1 órát meleg helyen pihentetjük.
f) A tésztát 12 egyenlő részre osztjuk.
g) A tésztából nagy adagokat formázunk gömbökké, és kivajazott cupcake sütőedényekbe tesszük.
h) A tésztába keverjük az apróra vágott pisztáciát és a narancsvirágvizet.
i) Nyújtsuk ki a tésztát téglalap alakúra, és szórjuk bele egyenletesen a pisztáciás keveréket.
j) A tésztát gördítsük hasábpá, és szeleteljük 12 körbe.
k) Helyezze a köröket kivajazott cupcake sütőedényekbe.
l) Letakarjuk egy törülközővel, és még egy órát pihentetjük, hogy megkeljen.
m) Melegítsük elő a sütőt 350°F-ra (180°C).
n) Felverünk egy tojást, és minden briós örvény felületét megkenjük a tojásmosóval.
o) Süssük 15-20 percig, vagy amíg aranybarna nem lesz.
p) Hűtsd le a narancsvirágot és a pisztácia briós egy rácson.

82. Kamilla és citromhéjú briós

ÖSSZETEVŐK:

- 1/2 csésze tej
- 5 tojás
- 1/3 csésze cukor
- 3 1/2 csésze univerzális liszt
- 1 1/2 teáskanál aktív száraz élesztő
- 1/2 teáskanál só
- 2 evőkanál szárított kamillavirág (kulináris minőségű)
- 2 citrom héja
- 1 csésze fagyasztott vaj, kockára vágva
- 1 tojás (mázhoz)

UTASÍTÁS:

a) Kenyérgépben keverje össze a tejet, a tojást, a cukrot, a lisztet, az élesztőt és a sót.
b) A kezdeti dagasztás után adjunk hozzá kockára vágott fagyasztott vajat, szárított kamillavirágot és citromhéjat.
c) Hagyja, hogy a kenyérsütőgép befejezze a tésztaciklust.
d) A tésztát kivesszük, konyhai fóliával becsomagoljuk, és egy éjszakára hűtőbe tesszük.
e) Sütés előtt a tésztát 1 órát meleg helyen pihentetjük. Osszuk 12 részre.
f) A tésztából nagy adagokat formázunk gömbökké, és kivajazott cupcake sütőedényekbe tesszük.
g) Nyomja meg minden nagy gömb közepét egy mélyítés létrehozásához.
h) Letakarjuk egy törülközővel, és még egy órát pihentetjük, hogy megkeljen.
i) Melegítsük elő a sütőt 350°F-ra (180°C).
j) Felverünk egy tojást, és minden briós felületét megkenjük a tojásmosóval.
k) Süssük 15-20 percig, vagy amíg aranybarna nem lesz.
l) Hűtsük le a kamillás és citromhéjú briost egy rácson.

83.Jázmin tea és őszibarack briós tekercs

ÖSSZETEVŐK:

- 1/2 csésze tej
- 5 tojás
- 1/3 csésze cukor
- 3 1/2 csésze univerzális liszt
- 1 1/2 teáskanál aktív száraz élesztő
- 1/2 teáskanál só
- 2 evőkanál jázmin tealevél (laza vagy teászacskóból)
- 1 csésze fagyasztott vaj, kockára vágva
- 1 csésze kockára vágott friss őszibarack
- 1 tojás (mázhoz)

UTASÍTÁS:
a) Kenyérgépben keverje össze a tejet, a tojást, a cukrot, a lisztet, az élesztőt és a sót.
b) A kezdeti dagasztás után adjuk hozzá a kockára vágott fagyasztott vajat.
c) Hagyja, hogy a kenyérsütőgép befejezze a tésztaciklust.
d) A tésztát kivesszük, konyhai fóliával becsomagoljuk, és egy éjszakára hűtőbe tesszük.
e) Sütés előtt a tésztát 1 órát meleg helyen pihentetjük.
f) A tésztát 12 egyenlő részre osztjuk.
g) A tésztából nagy adagokat formázunk gömbökké, és kivajazott cupcake sütőedényekbe tesszük.
h) A tésztába keverjük a jázmin teaveleket.
i) A tésztát 12 részre formázzuk, és kivajazott cupcake-sütőpoharakba helyezzük.
j) Nyomja meg minden nagy gömb közepét egy mélyítés létrehozásához.
k) A mélyedést kockára vágott friss őszibarackkal töltjük meg.
l) Letakarjuk egy törülközővel, és még egy órát pihentetjük, hogy megkeljen.
m) Melegítsük elő a sütőt 350°F-ra (180°C).
n) Felverünk egy tojást, és minden briós felületét megkenjük a tojásmosóval.
o) Süssük 15-20 percig, vagy amíg aranybarna nem lesz.
p) Hűtse le a jázminteát és őszibarackos brióst egy rácson.

84.Hibiszkusz és bogyós briós csomók

ÖSSZETEVŐK:

- 1/2 csésze tej
- 5 tojás
- 1/3 csésze cukor
- 3 1/2 csésze univerzális liszt
- 1 1/2 teáskanál aktív száraz élesztő
- 1/2 teáskanál só
- 2 evőkanál szárított hibiszkusz virág (kulináris minőségű)
- 1 csésze fagyasztott vaj, kockára vágva
- 1 csésze vegyes bogyós gyümölcsök (eper, áfonya, málna)
- 1 tojás (mázhoz)

UTASÍTÁS:

a) Kenyérgépben keverje össze a tejet, a tojást, a cukrot, a lisztet, az élesztőt és a sót.
b) A kezdeti dagasztás után adjuk hozzá a kockára vágott fagyasztott vajat.
c) Hagyja, hogy a kenyérsütőgép befejezze a tésztaciklust.
d) A tésztát kivesszük, konyhai fóliával becsomagoljuk, és egy éjszakára hűtőbe tesszük.
e) Sütés előtt a tésztát 1 órát meleg helyen pihentetjük.
f) A tésztát 12 egyenlő részre osztjuk.
g) A tésztából nagy adagokat formázunk gömbökké, és kivajazott cupcake sütőedényekbe tesszük.
h) Szárított hibiszkuszvirágokat keverünk a tésztába.
i) A tésztából csomókat formázunk, és sütőlapra helyezzük.
j) Nyomd meg minden csomó közepét, és töltsd meg vegyes bogyós gyümölcsökkel.
k) Letakarjuk egy törülközővel, és még egy órát pihentetjük, hogy megkeljen.
l) Melegítsük elő a sütőt 350°F-ra (180°C).
m) Verjünk fel egy tojást, és kenjük le minden briós csomó felületét a tojásmosóval.
n) Süssük 15-20 percig, vagy amíg aranybarna nem lesz.
o) Hűtse le a hibiszkusz és bogyós briós csomókat egy rácson.

85. Ibolya és citromos briós kavarog

ÖSSZETEVŐK:

- 1/2 csésze tej
- 5 tojás
- 1/3 csésze cukor
- 3 1/2 csésze univerzális liszt
- 1 1/2 teáskanál aktív száraz élesztő
- 1/2 teáskanál só
- 2 evőkanál szárított ibolya szirom (kulináris minőségű)
- 2 citrom héja
- 1 csésze fagyasztott vaj, kockára vágva
- 1 tojás (mázhoz)

UTASÍTÁS:

a) Kenyérgépben keverje össze a tejet, a tojást, a cukrot, a lisztet, az élesztőt és a sót.
b) A kezdeti dagasztás után adjuk hozzá a kockára vágott fagyasztott vajat.
c) Hagyja, hogy a kenyérsütőgép befejezze a tésztaciklust.
d) A tésztát kivesszük, konyhai fóliával becsomagoljuk, és egy éjszakára hűtőbe tesszük.
e) Sütés előtt a tésztát 1 órát meleg helyen pihentetjük.
f) A tésztát 12 egyenlő részre osztjuk.
g) A tésztából nagy adagokat formázunk gömbökké, és kivajazott cupcake sütőedényekbe tesszük.
h) A tésztába keverjük a szárított ibolyaszirmokat és a citromhéjat.
i) Nyújtsuk ki a tésztát téglalap alakúra, és szórjuk bele egyenletesen a virágos keveréket.
j) A tésztát gördítsük hasábpá, és szeleteljük 12 körbe.
k) Helyezze a köröket kivajazott cupcake sütőedényekbe.
l) Letakarjuk egy törülközővel, és még egy órát pihentetjük, hogy megkeljen.
m) Melegítsük elő a sütőt 350°F-ra (180°C).
n) Felverünk egy tojást, és minden briós örvény felületét megkenjük a tojásmosóval.
o) Süssük 15-20 percig, vagy amíg aranybarna nem lesz.
p) Hűtse le az ibolya és citromos briost egy rácson.

86.Bodzavirág és áfonyás briós

ÖSSZETEVŐK:

- 1/2 csésze tej
- 5 tojás
- 1/3 csésze cukor
- 3 1/2 csésze univerzális liszt
- 1 1/2 teáskanál aktív száraz élesztő
- 1/2 teáskanál só
- 2 evőkanál bodzaszörp vagy koncentrátum
- 1 csésze fagyasztott vaj, kockára vágva
- 1 csésze friss áfonya
- 1 tojás (mázhoz)

UTASÍTÁS:

a) Kenyérgépben keverje össze a tejet, a tojást, a cukrot, a lisztet, az élesztőt és a sót.
b) A kezdeti dagasztás után adjuk hozzá a kockára vágott fagyasztott vajat.
c) Hagyja, hogy a kenyérsütőgép befejezze a tésztaciklust.
d) A tésztát kivesszük, konyhai fóliával becsomagoljuk, és egy éjszakára hűtőbe tesszük.
e) Sütés előtt a tésztát 1 órát meleg helyen pihentetjük.
f) A tésztát 12 egyenlő részre osztjuk.
g) A tésztából nagy adagokat formázunk gömbökké, és kivajazott cupcake sütőedényekbe tesszük.
h) Bodzaszörpöt vagy sűrítményt keverünk a tésztába.
i) A tésztát 12 részre formázzuk, és kivajazott cupcake-sütőpoharakba helyezzük.
j) Nyomja meg minden nagy gömb közepét egy mélyítés létrehozásához.
k) Töltsük meg a mélyedést friss áfonyával.
l) Letakarjuk egy törülközővel, és még egy órát pihentetjük, hogy megkeljen.
m) Melegítsük elő a sütőt 350°F-ra (180°C).
n) Felverünk egy tojást, és minden briós felületét megkenjük a tojásmosóval.
o) Süssük 15-20 percig, vagy amíg aranybarna nem lesz.
p) Hűtse le a bodza- és áfonyás briost egy rácson.

CHALLA BRIÓS

87.Kenyérgép Challah

ÖSSZETEVŐK:

- 2 nagy tojás
- ⅝ csésze langyos víz
- 1½ evőkanál kukoricaolaj vagy más nyájas olaj
- ½ teáskanál Só
- 4½ evőkanál cukor
- 3 csésze kenyérliszt
- 2¼ teáskanál Rapid-Rise élesztő

UTASÍTÁS:

a) Kövesse az összetevők meghatározott sorrendjét, és a gyártó által preferált sorrendben adja hozzá őket a kenyérsütőgéphez. Például egy Hitachi gépnél először a nedves alapanyagokkal kezdje, de más gépeknél a száraz alapanyagokkal is jó.

b) Válassza ki a tészta üzemmódot a kenyérsütő gépén. Ha Hibachi 1,5 lb-s gépet használ, a keverés megkezdése után körülbelül 30 másodperccel adjon hozzá élesztőt. Ha más gépet használ, az élesztőt a száraz hozzávalók tetejére helyezheti.

c) Ha a tésztaciklus befejeződött, távolítsa el a tésztát, és lisztezett felületre szúrja ki. A tészta kissé ragacsos és nagyon puffadt lesz.

d) Néhány perc pihentetés után a tésztát három részre osztjuk, az egyes részeket kötelekké sodorjuk, és összefonjuk.

e) Hagyja kelni a fonott tésztát, amíg majdnem a duplájára nem nő, ami általában körülbelül 45 percet vesz igénybe. A fonott cipót enyhén olajozott tepsire tesszük kelni.

f) Melegítsük elő a sütőt 350 °F-ra (175 °C). Süssük a challah-t körülbelül 25 percig, vagy amíg aranybarna nem lesz. Opcionálisan lekenhetjük tojással a fényes végeredmény érdekében, de a cipók enélkül is szépen barnuljanak.

88. Majonéz Challah

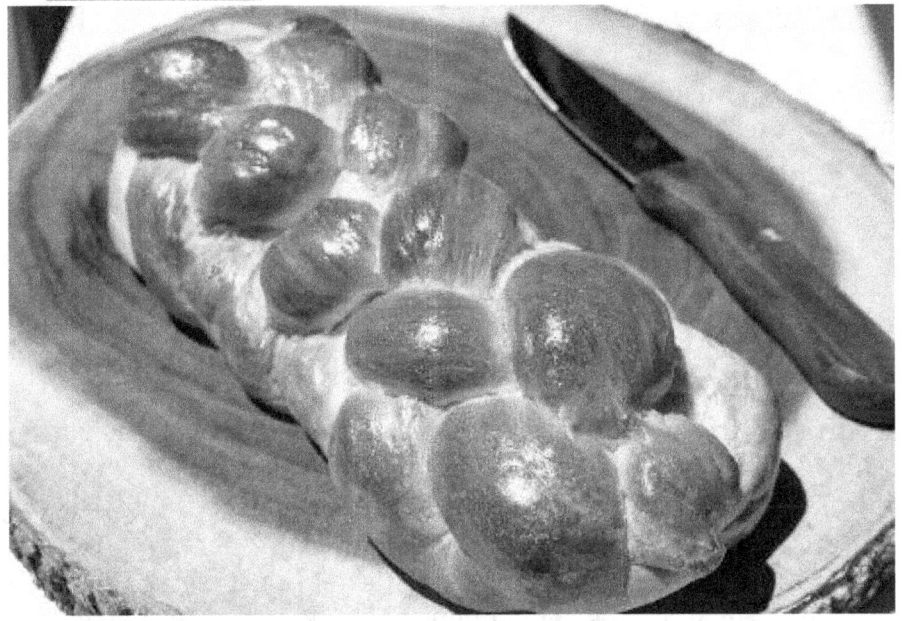

ÖSSZETEVŐK:

- 7½ csésze liszt
- ¼ csésze cukor
- 2 csomag száraz élesztő
- 1 teáskanál Só
- 1½ csésze meleg víz
- ½ csésze majonéz (NEM salátaöntet)
- 4 tojás

UTASÍTÁS:

a) Egy keverőtálban keverj össze 2 csésze lisztet, sót, cukrot és száraz élesztőt.
b) Adjunk hozzá meleg vizet, és keverjük elektromos keverővel alacsony sebességen 2 percig.
c) Adjunk hozzá még 2 csésze lisztet, majonézt és 3 tojást. Verjük a mixerrel közepes sebességgel további 2 percig.
d) Kézzel keverjünk hozzá annyi lisztet (kb. 3 csésze), hogy sima és rugalmas tésztát kapjunk. Gyúrjuk össze a tésztát, ha szükséges, adjunk hozzá még lisztet a kívánt állag eléréséhez.
e) A tésztát kivajazott tálba tesszük, letakarjuk, és duplájára kelesztjük.
f) A tésztát kiszaggatjuk és kettéosztjuk (kisebb cipóknál a harmadára). Fedjük le és hagyjuk a tésztát 10 percig pihenni.
g) Oszd fel mindegyik felét három hosszú kötélszerű darabra. Három darabot fonjunk össze, hogy cipót formáljunk.
h) A fonott cipót kivajazott tepsire tesszük, és a negyedik tojással lekenjük tojással. Opcionálisan szórhatunk rá mákot vagy más feltétet.
i) A fonott cipót addig kelesztjük, amíg a duplájára nem nő.
j) Melegítsd elő a sütőt 190°C-ra, és süsd meg a challah-t körülbelül 30 percig, vagy addig, amíg az elkészült és szépen meg nem pirul.
k) Ez a majonézes Challah jól lefagyasztható későbbi felhasználásra.

89. Hatfonatos Challah

ÖSSZETEVŐK:

- 2 csomag aktív száraz élesztő
- ¼-½ csésze cukor
- 1¼ csésze meleg víz (105-115 fok)
- 5-6 csésze kenyérliszt
- 2 teáskanál Só
- 3 nagy tojás
- ¼ csésze növényi zsiradék
- 1 marék szezámmag vagy mák
- Kukoricadara porozáshoz

UTASÍTÁS:

a) Egy nagy edényben oldjuk fel az élesztőt és egy csipet cukrot 1 csésze meleg vízben (105-115 fok). Hagyja állni 10 percig.
b) A lisztet egy nagy tálba tesszük, és hozzáadjuk a feloldott élesztős keveréket. Egy kanállal keverjük össze. Hozzáadjuk a maradék cukrot, sót, 2 tojást és a zöldségleveset.
c) Körülbelül egy percig verjük, majd kézzel keverjük össze. A tésztát enyhén lisztezett felületre borítjuk, és 15 perc alatt puhára dagasztjuk, szükség szerint adjunk hozzá még vizet vagy lisztet. Alternatív megoldásként használjon tésztakampót a keverőben a turmixoláshoz és gyúráshoz.
d) Helyezze a tésztát egy enyhén kikent tálba, és fordítsa meg, hogy az egész felületet enyhén zsírozza. Fedjük le a tálat egy ruhával, és hagyjuk kelni meleg helyen (75-80 fok) körülbelül egy órán keresztül, vagy amíg a tészta a duplájára nő.
e) A tésztát kiszaggatjuk és 2 golyóra osztjuk. Oszd el mindegyik labdát 6 kígyószerű darabra, mindegyik körülbelül 12 hüvelyk hosszú.
f) Helyezze mind a 6 szálat egy deszkára egymás mellé, a 6 végét nyomja össze. Osszuk 2 csoportra, 3 szálból és fonjuk be.
Vegye ki a szálat a bal szélső felől, és helyezze át a másik 2-re és középre. Folytassa a fonást, amíg a tészta el nem fogy. A végeit összenyomjuk. Ismételje meg a második cipóval.
g) A könnyebb megoldás érdekében minden labdát osszon 3 szálra, és fonja be. Helyezze a külső csíkot a középső fölé, majd a harmadik alá. Húzza meg szorosan a csíkokat, és folytassa a

fonást. Tedd rá a végeket, és ismételd meg a maradék 3 csíkkal.
h) Süteményecsettel kenjük meg a challah-t a maradék vízzel elkevert tojással, és szórjuk meg szezámmaggal vagy mákkal.
i) A kenyér megkenése után mártsa be a második ujját a tojásmosóba, és húzza be a fonatok tetejét. Mártsa az ujját a magokba, és érintse meg ismét a behúzott területet a feltűnőbb megjelenés érdekében.
j) Szórjunk meg egy sütilapot kukoricadarával, és helyezzük rá a cipókat. Fedjük le egy műanyag lappal, és hagyjuk kelni 30 percig meleg helyen.
k) Melegítsük elő a sütőt 190 °C-ra (375 °F). Süssük a challah-t körülbelül 30 percig, vagy amíg aranybarna nem lesz.

90. Olajmentes Challah

ÖSSZETEVŐK:
- 1½ csésze víz
- 2 tojás
- 1½ evőkanál almaszósz
- 1½ teáskanál Só
- 3 evőkanál méz
- 3 evőkanál cukor
- 5 csésze fehér liszt (vagy fehér kenyérliszt - glutén nélkül)
- 1½ evőkanál búzaglutén
- 3 teáskanál élesztő
- 5 csepp sárga ételfesték (opcionális)
- ¾ csésze mazsola (opcionális)

UTASÍTÁS:
a) Adja hozzá a hozzávalókat a kenyérsütőgéphez (ABM) a modell által megadott sorrendben. Válassza ki a "DOUGH" ciklust.
b) A második dagasztás során, ha szükséges, adjunk hozzá ¾ csésze mazsolát.
c) Miután az ABM befejezte a tésztaciklust, vegye ki a tésztát, és osszuk három részre.
d) Az egyes részeket enyhén fedje le műanyag fóliával (enyhén permetezze be PAM-mel, hogy ne ragadjon le), és hagyja kelni a tésztát egy órán keresztül.
e) Minden részt kinyújtunk, és megfonjuk a tésztát. Enyhén nedvesítse meg a végét, hogy segítsen ragaszkodni, és kissé hajtsa a cipó alá, hogy lekerekített megjelenést kapjon.
f) Helyezzen minden fonott cipót egy sütilapra, amelyet enyhén permetezett be PAM-mel. Fedjük le a cipókat műanyag fóliával, és hagyjuk kelni még egy órát.
g) Melegítse elő a sütőt 350 Fahrenheit fokra (175 Celsius fok).
h) Minden cipót megkenünk egy felvert tojással (habverőt is használhatunk, és pár teáskanál is elegendő).
i) Előmelegített sütőben 25-30 perc alatt aranybarnára sütjük.

91. Mazsola Challah

ÖSSZETEVŐK:

- 4 csésze meleg víz
- 2 evőkanál száraz élesztő
- 4 tojás
- ½ csésze olaj
- ½ csésze méz
- 2 csésze mazsola
- 14-15 csésze liszt
- 1 evőkanál durva só

Zománc:
- 1 tojás, felvert
- Mák

UTASÍTÁS:

a) Öntsön meleg vizet egy nagy keverőtálba. Keverje hozzá az élesztőt, a tojást, az olajat, a mézet és a mazsolát. Jól keverjük össze, és adjuk hozzá a liszt körülbelül felét. Hagyja a keveréket 45 perctől 1 óráig pihenni.
b) Adjuk hozzá a sót és a maradék liszt nagy részét. Keverjük össze és gyúrjuk, amíg a tészta puha nem lesz. Hagyja újra kelni a tésztát 1 órán át, vagy folytassa a második kelesztés nélkül a gyorsabb folyamat érdekében.
c) A tésztát elosztjuk és cipókat formázunk belőle. A megformázott cipókat kivajazott tepsibe tesszük, és 45 perctől 1 óráig kelesztjük.
d) Melegítsük elő a sütőt 350 °F-ra (175 °C).
e) A mázhoz felverünk egy tojást, és megkenjük vele a cipók tetejét. A tetejére mákot szórunk.
f) Süssük 45 perctől 1 óráig a cipóknál, vagy 30 percig a tekercseknél, vagy amíg aranybarnák nem lesznek, és koppintáskor üreges hangot nem kapnak.

92. Puha Challah

ÖSSZETEVŐK:
- 1½ csésze sötét vagy sárga mazsola, gömbölyded
- 1¾ csésze meleg víz
- 2 evőkanál száraz élesztő
- 1 csipet cukor
- ⅓ csésze cukor
- ⅓ csésze Light Honey
- 3½ teáskanál Só
- ½ csésze olaj
- 3 tojás
- 2 tojássárgája
- 6-7 csésze kenyérliszt, kb
- 2 evőkanál Víz
- 2 teáskanál cukor
- 1 tojás
- 1 tojássárgája

Tojás mosás:
- 1 tojás
- 1 tojássárgája

UTASÍTÁS:
a) Egy nagy keverőtálban keverjük össze az élesztőt, a meleg vizet és egy csipet cukrot. Hagyja állni öt percig, hogy az élesztő megduzzadjon és feloldódjon.
b) Gyorsan keverjük hozzá a maradék cukrot, mézet és sót. Ezután adjunk hozzá olajat, tojást, sárgáját és körülbelül öt csésze lisztet. Bozontos masszává keverjük. 10-20 percig állni hagyjuk, hogy a liszt felszívódjon.
c) Kézzel vagy tésztafogóval gyúrjuk a tésztát, szükség szerint adjuk hozzá a maradék lisztet, hogy lágy és rugalmas tésztát kapjunk (kb. 10-12 perc). A tésztának el kell hagynia a tál oldalát. Ha ragacsos, adjunk hozzá kis mennyiségű lisztet, amíg a tészta puha, de már nem ragad.
d) A tésztát enyhén lisztezett deszkán pihentetjük tíz percig, majd elsimítjuk, és a tésztába nyomkodjuk minél egyenletesebben a duzzadt mazsolát, a masszát ráhajtva a mazsolára, hogy "belegyúródjon".

e) Helyezze a tésztát egy kiolajozott tálba, és fedje le zsírozott műanyag fóliával és nedves konyharuhával, vagy fedje le egy nedves konyharuhával, és helyezze az egész tálat egy nagy műanyag zacskóba. Hagyja a tésztát huzatmentes helyen kelni, amíg duplájára és puffadt nem lesz, 45 és 90 perc között.
f) Ha egy éjszakán át hűvösen kelesztjük, tegyük a tésztát egy nagy, enyhén kikent tálba, és tegyük bele egy nagy műanyag zacskóba. Egy éjszakára hűtőbe tesszük. Ha a tészta túl gyorsan kelne, nyissa ki a zacskót, engedje le a tésztát, majd zárja vissza. Másnap hagyja felmelegedni a tésztát, majd óvatosan engedje le és folytassa.
g) Osszuk ketté a tésztát. A „faigele" vagy turbán alakú újévi challahhoz formáljon minden szakaszt hosszú kötéllé (körülbelül 12-14 hüvelyk hosszú), amelynek egyik vége vastagabb, és tekerd fel, kezdve a vastagabb végével előre, a végét pedig a tetejére csavarja. bezárni." Alternatív megoldásként osszuk el a tészta minden részét három, körülbelül 14 hüvelyk hosszú kötélre, és készítsünk hagyományos challafonatot.
h) Kukoricaliszttel meghintett tepsire tesszük. Egy kis tálban keverjük össze a tojásmosó hozzávalóit. A cipót megkenjük tojássárgájával, és megszórjuk szezámmaggal.
i) Hagyja a cipót puffadásig kelni, körülbelül 20-30 percig. Melegítsük elő a sütőt 400 F fokra.
j) Süssük a kenyeret 12 percig, majd csökkentsük a hőt 350 F-ra, és süssük további 25 percig, vagy amíg a kenyér egyenletesen megbarnul.

93.Kovász Challa

ÖSSZETEVŐK:

- 1 csésze kovászos előétel (hús mellé tálalva legyen finom)
- 1 csésze nagyon meleg víz
- 1 evőkanál élesztő vagy 1 csomag élesztő
- 1 evőkanál méz
- 7 csésze kenyérliszt (vagy több, magas gluténtartalmú, kevés árpaliszttel, vagy fehérítetlen univerzális liszt)
- 2 teáskanál Só
- 3 tojás
- ¼ csésze növényi olaj (kb.)
- 1 tojássárgája 3 csepp vízzel elkeverve (többé-kevesebb)
- Mák

UTASÍTÁS:
a) Keverjük össze a kovászos indítót, a vizet, az élesztőt és a mézet. Hagyja felbuborékolni, amíg a következő lépésre lép.
b) Egy nagy tálban keverjünk össze 4 csésze lisztet és sót.
c) A liszt/só keverék közepébe mélyedést készítünk, és hozzáadjuk a tojást és az olajat.
d) Öntsük bele a habos élesztős keveréket, és egy vastag nyelű fakanállal vagy lapáttal keverjük össze.
e) Addig adjuk hozzá a lisztet, amíg a keverék elválik az edénytől. Nem kell tökéletesen sima.
f) Lisztet szórunk egy pultra vagy gyúródeszkára. A tésztát a közepére tesszük, a keverőtálból kikaparjuk, amennyit csak tudunk. Mossa ki az edényt egy későbbi használathoz.
g) Gyúrjuk a kenyeret, adjunk hozzá lisztet, amíg sima és rugalmas nem lesz. A textúra olyan legyen, mint egy csupasz baba feneke, amikor megveregetik.
h) Helyezze a tésztát az olajozott keverőtálba. Takarjuk le viaszpapírral és konyharuhával, majd tegyük meleg helyre kelni. Akkor van kész, amikor a tésztán az ujjnyomok láthatók a piszkálás után.
i) Fordítsa ki a tésztát a pulton, és nyomja le, hogy eltávolítsa a nagy légbuborékokat. Fonja két vagy négy cipóra, és helyezze őket olajozott tepsire. Hagyjuk még fél órát kelni.
j) Melegítsük elő a sütőt 350 °F-ra (175 °C). Kenjük meg a cipókat a tojássárgás keverékkel, és szórjuk meg bőségesen mákkal. Körülbelül fél órát sütjük, a tepsiket forgatva a sütőben. A cipóknak üregesnek kell lenniük, ha dobbantják. Hagyd kihűlni.

94.Újévi Challa

ÖSSZETEVŐK:
- 1 csésze mazsola
- 1 csésze forrásban lévő víz
- 1 csésze hideg víz (gépi készítéshez használjon 100-105 fokos vizet a hagyományos módszerhez)
- 1⅜ teáskanál só
- 1 evőkanál cukor
- 2 egész tojás
- 2 tojássárgája, felvert
- ¼ csésze méz
- ¼ csésze növényi olaj
- 3 teáskanál Instant vagy Rapid-Rise vagy Quick-Rise élesztő
- 3½-4 csésze univerzális liszt
- 1 teáskanál olaj (a hűtőszekrény bevonásához)
- 2 teáskanál kukoricaliszt
- 1 tojás
- 1 tojássárgája
- 2 evőkanál szezámmag (ízlés szerint)

TOJÁS MOSÁS:
- 1 tojás
- 1 tojássárgája

UTASÍTÁS:
a) Helyezze a mazsolát egy közepes tálba, és öntsön rá forrásban lévő vizet. Hagyja 2 percig megpuhulni. Lecsöpögtetjük, szárítjuk, és hagyjuk kihűlni.

A GÉP UTASÍTÁSAI
b) Helyezzen hideg vizet, sót, cukrot, tojást, sárgáját, mézet, olajat, élesztőt és 3 csésze lisztet a gép serpenyőjébe vagy a gyártó által megadott sorrendben.
c) Kapcsolja be a tészta üzemmódot vagy programot. Szórjon meg további lisztet, amikor a tészta golyót formál, és elég nedvesnek tűnik ahhoz, hogy a maradék lisztet felhívja. A második dagasztás előtt adjunk hozzá mazsolát. Ezeket akkor kell hozzáadni, amikor a tészta elkészült, de hagyjon még egy kis dagasztási időt.
d) Ha a gépe ezt nem teszi lehetővé, hagyja befejezni a tészta ciklusát. Lisztezett deszkára szedjük, és egyszerűen belenyomkodjuk a mazsolát. Folytassa a cipók formázására vonatkozó utasításokkal. Lásd a 2. megjegyzést
e) Hagyományos utasítások Egy nagy tálban keverje össze a meleg vizet, sót, cukrot és mézet. Megszórjuk instant, gyorsan kelesztő vagy gyorsan kelesztő élesztővel. Felverjük a tojást, a sárgáját és a növényi olajat. Belekeverünk 3 csésze lisztet. Ha elektromos keverőt használ, akassza fel a tésztakampót, és a keverővel vagy kézzel gyúrja 8-10 percig, amíg a tészta puha és rugalmas lesz, elhagyva a tál oldalát. Ha ragacsos a tészta, adjunk hozzá kis mennyiségű lisztet, amíg a tészta puha nem lesz és már nem ragad.
f) Szórjuk meg a munkafelületet a maradék ¼ csésze liszttel. A tésztát 10 percig pihentetjük a felületen. A mazsolát a lehető legegyenletesebben összegyúrjuk vagy belenyomkodjuk, a tésztát a mazsolára hajtva, hogy berakódjanak. Fedjük le a tésztát egy nedves tiszta törülközővel. A tésztát 20 percig pihentetjük. Vagy, ha hagyja, hogy egy éjszakán át keljen, tegye egy nagy, olajozott műanyag zacskóba, és tegyük hűtőbe egy éjszakára. Ha látja, hogy a kenyér megkel, nyissa ki a zacskót, engedje le a tésztát, majd zárja vissza. Másnap szúrja ki a kenyeret, és járjon el a következőképpen.

g) Kenyér formázása: Fóliával vagy sütőpapírral bélelt, kukoricaliszttel megszórt tepsire dolgozzuk. Hagyományos fonathoz osszuk el a tésztát 3 darab 15 hüvelyk hosszú hasábra; koszorúhoz használjon 3 db 18 hüvelykes rönköt; turbánhoz használjon 2 db 18 hüvelykes rönköt, amelyek egyik végén 20%-kal vastagabbak, mint a másik végén. Fonáshoz fonja be a 3 rönköt, csípje össze a végeit, és húzza alá. Kerek koszorúhoz fonjuk be és formázzuk kör alakúra. Csípje össze a végeket, és dugja be a körbe, hogy ne látszódjanak. A turbánnál a vastagabb végétől kezdve tekerd fel a kenyeret kerekre. A végén csípje meg a hegyét, és húzza alá.
h) Egy kis tálban keverjük össze a tojást és a sárgáját a tojásmosáshoz. Bőségesen lekenjük a kenyeret a tojásmosóval. Hagyjuk kelni 30-40 percig.
i) Ismét megkenjük, és ha szükséges, megszórjuk szezámmaggal.
j) Sütés: 15 perccel sütés előtt melegítse elő a sütőt 190 °C-ra. 30-35 percig sütjük, amíg a héja szépen megpirul, és ütögetve üreges lesz.

95. Töltött Challah

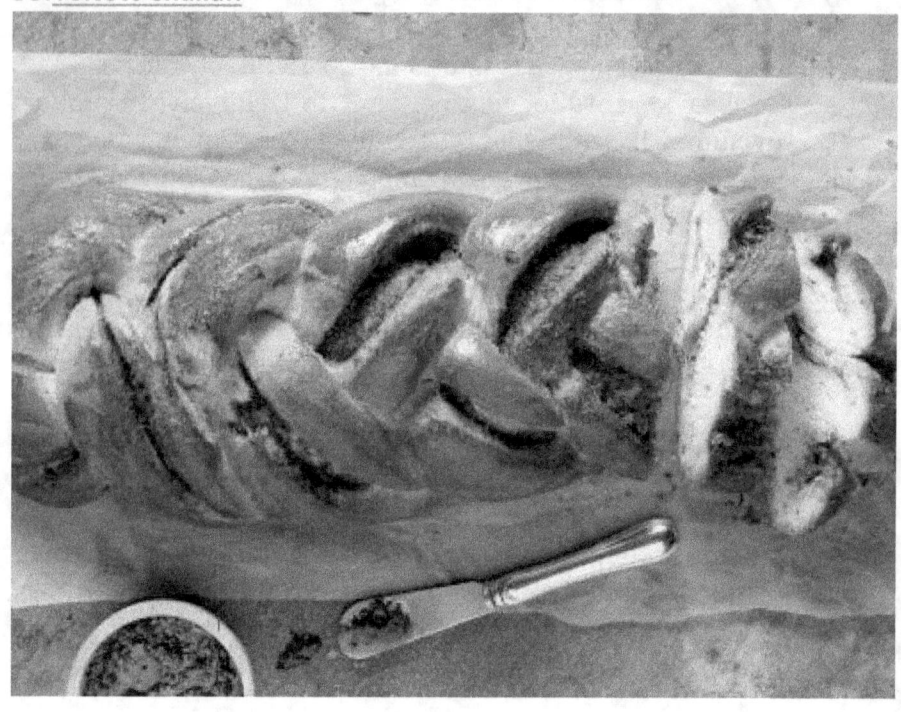

ÖSSZETEVŐK:

- Challa tészta
- Kockára vágott alma
- Barna cukor
- Fahéj
- Tojás mosás
- Fahéj és cukor a szóráshoz

UTASÍTÁS:

a) Készítse el a challah tésztát a kívánt recept szerint.
b) Egyengessük el a tészta köteleket, és helyezzünk rá egy vékony vonalat kockára vágott almákra, amelyeket kevés barna cukorban és fahéjban megdinszteltünk. Ügyeljen arra, hogy a keverék jól lecsepegtesse, nehogy sütés közben kiszivárogjon.
c) Tekerje fel az egyes köteleket, hasonlóan egy zselés tekercshez, és zárja le mindkét végét.
d) Óvatosan fonja be a köteleket.
e) Hagyja a fonott tésztát kelni körülbelül 45 perctől egy óráig.
f) Melegítse elő a sütőt.
g) A megfont tésztát lekenjük tojássárgájával.
h) A tetejére szórjuk a fahéjat és a cukrot, hogy még ízesebb legyen.
i) Süssük a challah receptje szerint, amíg a challah aranybarna nem lesz, és koppintva üreges hangot nem kap.

96. Édes Challah

ÖSSZETEVŐK:
- ½ csésze plusz ¼ teáskanál granulált cukor
- 2¼ csésze langyos víz
- 2 csomag aktív szárított élesztő
- 10 csésze fehérítetlen fehér kenyérliszt, plusz 1½ csésze szükség szerint
- 1 evőkanál durva vagy kóser só
- 4 Jumbo tojás szobahőmérsékleten, felverve, plusz 1 tojássárgája
- ½ csésze mogyoróolaj, plusz még a serpenyők kikenéséhez
- ½ csésze plusz 1 teáskanál méz, osztva
- ½ csésze mazsola
- Mák

UTASÍTÁS:
a) Oldjunk fel ¼ teáskanál cukrot langyos vízben. Keverje hozzá az élesztőt; tedd félre huzatmentes helyre kelesztésre (kb. 10 perc).
b) Keverjen össze 10 csésze lisztet, sót és a maradék ½ csésze cukrot egy tálban kézzel vagy tésztalapátos robotgépben. Ha kézzel keverjük, készítsünk mélyedést a lisztkeverék közepébe.
c) Adjon hozzá 4 felvert tojást, ½ csésze olajat, ½ csésze mézet és a felfuttatott élesztőkeveréket a tálba vagy a robotgép edényébe.
d) Keverje össze és gyúrja össze kézzel vagy tésztalapáttal a robotgépben, adjon hozzá további lisztet, amíg a tészta ragacsos golyót nem kap, és elválik az oldaláról.
e) Helyezze a tésztát lisztezett deszkára; kézzel tovább dagasztjuk, szükség szerint adjunk hozzá lisztet. A tésztának hólyagosnak kell lennie a dagasztástól, nedvesnek kell lennie, és enyhén ragadósnak kell lennie, de nem ragadhat a deszkához vagy az ujjakhoz.
f) Helyezze a tésztát egy olajozott tálba; takarja le nedves konyharuhával. Tegye félre huzatmentes helyre 2½-3 órára kelni, amíg duplájára nem nő.
g) Tesztelje a tésztát úgy, hogy ujjával belenyomja. Ha nem rugózik vissza, akkor készen áll a második dagasztásra. A

tésztát lenyomkodjuk, és mazsolával megszórjuk. Belekeverjük a mazsolát.

h) Helyezze a tésztát egy olajozott tepsibe, fedje le nedves ruhával, és hagyja kelni 1-1,5 órán keresztül, amíg duplájára nem nő.
i) A tésztát 4 egyenlő részre osztjuk. Osszuk mind a 4 darabot 3 egyenlő részre. Minden egyes darabot legalább 24 hüvelyk hosszú, vékonyabb végű kötéllé tekerd.
j) Csípje össze három szálat az egyik végén, majd fonja össze a három szálat. Tekerje fel a fonat tekercsbe a spirál tetejétől kezdve.
k) Helyezze a cipókat süteménylapokra vagy sekély serpenyőkre; takarja le nedves konyharuhával. Hagyja a cipókat körülbelül 35-45 percig kelni, amíg megduplázódik.
l) A tojássárgája, a maradék 1 teáskanál méz és 1 evőkanál hideg víz összekeverésével készítsen tojásmosást. Minden cipót megkenünk tojással. Megszórjuk mákkal.
m) Előmelegített 350 fokos sütőben 35-45 percig sütjük. A cipók akkor készek, amikor aranybarnák, és az aljukra koppintva üregesek.
n) Tálalás előtt rácson hűtsük le.

97. Nagyon vajas Challah

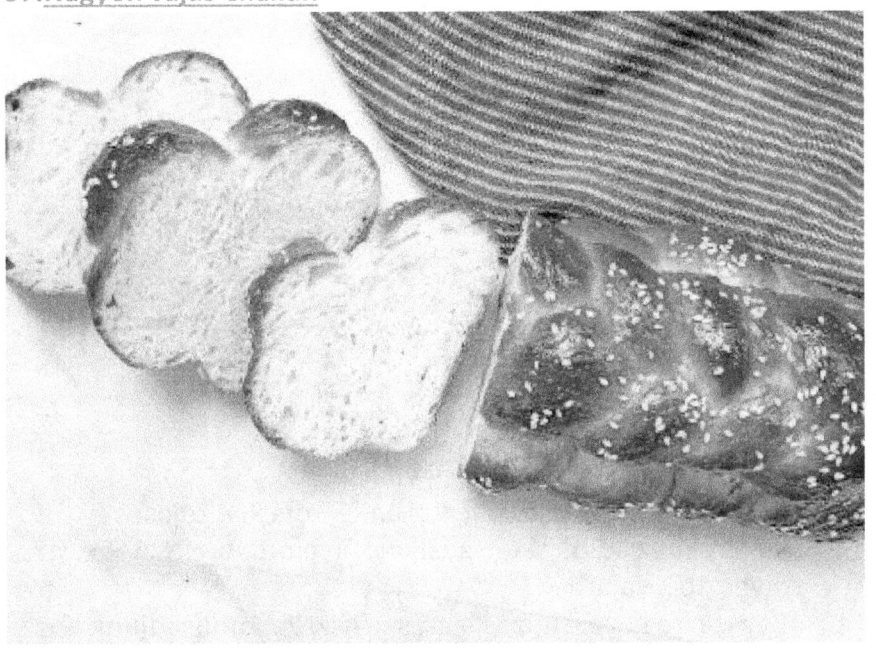

ÖSSZETEVŐK:

- 2½ rúd vaj, olvasztott
- 2 csomag élesztő
- 2 csésze meleg víz
- 7 csésze fehérítetlen liszt
- 4 teáskanál Só
- 3 tojás, felvert
- ½ csésze cukor
- 2 tojás, felvert
- Mák (opcionális)
- Szezámmag (opcionális)

UTASÍTÁS:
a) Oldjuk fel az élesztőt meleg vízben.
b) Egy nagy keverőtálban felverünk 3 tojást. A tojásos keverékhez adjuk a sót, a cukrot, a feloldott élesztőt és az olvasztott vajat.
c) Egyszerre keverj hozzá 4 csésze lisztet. Addig adjunk hozzá még 3 csésze lisztet, amíg a tészta lágy állagú nem lesz.
d) A tésztát lisztezett deszkán addig gyúrjuk, amíg már nem ragad és rugalmas tapintású lesz.
e) A tésztát kivajazott keverőtálba tesszük, és egy törülközővel letakarjuk. Hagyja kelni másfél órát, vagy amíg duplájára nem nő.
f) A tésztát kiszaggatjuk, kicsit átgyúrjuk, és 6 részre osztjuk. Minden darabot tekerjen a kezével, hogy hosszú, vékony köteleket képezzen.
g) Fűzzünk 3 kötelet, a végeit csippentsük össze. Ismételje meg a folyamatot a másik 3 kötéllel.
h) Helyezzen minden fonott cipót a saját zsírozott sütilapjára, fedje le egy törülközővel, és hagyja kelni körülbelül egy órát, vagy amíg duplájára nem nő.
i) Melegítse elő a sütőt 350 °F-ra.
j) A cipókat megkenjük a 2 felvert tojással, és ízlés szerint megszórjuk mákkal vagy szezámmaggal.
k) Előmelegített sütőben körülbelül 45 percig sütjük, vagy amíg a kenyér aranybarna nem lesz.

98. Vízi Challa

ÖSSZETEVŐK:

- 2 csomag élesztő
- 1 teáskanál cukor
- 2¼ csésze meleg víz
- 8-9 csésze szitált liszt
- 1/3-1/2 csésze cukor
- 1/3 csésze olaj
- 1 evőkanál plusz 1 teáskanál só
- 2 teáskanál Ecet

UTASÍTÁS:

a) Az élesztőt és egy teáskanál cukrot ½ csésze meleg vízben feloldjuk. Hagyja állni 5 percig, amíg buborékosodik.
b) Egy keverőtálban keverj össze 4 csésze lisztet, az élesztős keveréket és a többi hozzávalót. Körülbelül 3 percig verjük.
c) A maradék lisztet 1 csészével üssük bele, az utolsó csészében kézzel vagy kenyérvágó kampóval dagasztjuk körülbelül 10 percig. Győződjön meg róla, hogy a tészta jól gyúrható, hogy sima állagú legyen.
d) A tésztát kivajazott tálba tesszük, megfordítjuk, letakarjuk, és meleg helyen kelesztjük, amíg a duplájára, kb. 1½-2 órán át kelni.
e) Gyúrjuk le a tésztát, és fonjuk 3 challah-ba. Kívánság szerint a tésztát feloszthatja kisebb challah-k készítéséhez.
f) Fedjük le a fonott challahokat egy nedves ruhával, és hagyjuk kelni, amíg a duplájára, körülbelül 1 órán át kelnek. Tartsa szemmel őket, ahogy közeledik az emelkedési idő végéhez.
g) Kenjük meg a challahokat felvert tojással, és ha szükséges, szórjuk meg magokkal (elhagyható).
h) Előmelegített 345°F-os sütőben 45 percig sütjük. A challahok akkor készek, amikor üreges hangot adnak, amikor az aljára koppintanak.

99. Csokoládé Swirl Challah

ÖSSZETEVŐK:

- 4 csésze univerzális liszt
- 1/2 csésze cukor
- 1 teáskanál só
- 1 csomag aktív száraz élesztő (kb. 2 1/4 teáskanál)
- 1 csésze meleg víz (110°F/43°C)
- 1/4 csésze növényi olaj
- 2 nagy tojás
- 1/2 csésze kakaópor
- 1/2 csésze csokoládé chips (félédes)

UTASÍTÁS:

a) Egy nagy tálban keverjük össze a meleg vizet, a cukrot és az élesztőt. Hagyja állni 5-10 percig, amíg habos lesz.
b) Adjuk hozzá az olajat és a tojást az élesztős keverékhez, jól keverjük össze.
c) Egy külön tálban keverjük össze a lisztet és a sót. Fokozatosan adjuk hozzá ezt a keveréket a nedves hozzávalókhoz, folyamatosan keverjük, amíg tészta nem lesz.
d) A tésztát két részre osztjuk. Egy részletben gyúrjuk bele a kakaóport, amíg teljesen be nem épül.
e) A tészta mindkét részét külön kivajazott edényekbe tesszük, letakarjuk, és körülbelül 1-1,5 órát kelesztjük, vagy amíg a duplájára nem nő.
f) Melegítsd elő a sütőt 175°C-ra (350°F).
g) A tészta minden részét téglalappá nyújtjuk. A sima tészta tetejére tesszük a csokis tésztát, és egyenletesen rászórjuk a csokireszeléket.
h) A tésztát szorosan rönkgé tekerjük, majd a hagyományos challahhoz hasonlóan fonjuk be.
i) A fonott cipót sütőpapírral bélelt tepsire helyezzük. Hagyja további 30 percig kelni.
j) Süssük 25-30 percig, vagy amíg a challah aranybarna nem lesz. Szeletelés előtt hagyjuk kihűlni.

99. Csokoládé Swirl Challah

ÖSSZETEVŐK:
- 4 csésze univerzális liszt
- 1/2 csésze cukor
- 1 teáskanál só
- 1 csomag aktív száraz élesztő (kb. 2 1/4 teáskanál)
- 1 csésze meleg víz (110°F/43°C)
- 1/4 csésze növényi olaj
- 2 nagy tojás
- 1/2 csésze kakaópor
- 1/2 csésze csokoládé chips (félédes)

UTASÍTÁS:
a) Egy nagy tálban keverjük össze a meleg vizet, a cukrot és az élesztőt. Hagyja állni 5-10 percig, amíg habos lesz.
b) Adjuk hozzá az olajat és a tojást az élesztős keverékhez, jól keverjük össze.
c) Egy külön tálban keverjük össze a lisztet és a sót. Fokozatosan adjuk hozzá ezt a keveréket a nedves hozzávalókhoz, folyamatosan keverjük, amíg tészta nem lesz.
d) A tésztát két részre osztjuk. Egy részletben gyúrjuk bele a kakaóport, amíg teljesen be nem épül.
e) A tészta mindkét részét külön kivajazott edényekbe tesszük, letakarjuk, és körülbelül 1-1,5 órát kelesztjük, vagy amíg a duplájára nem nő.
f) Melegítsd elő a sütőt 175°C-ra (350°F).
g) A tészta minden részét téglalappá nyújtjuk. A sima tészta tetejére tesszük a csokis tésztát, és egyenletesen rászórjuk a csokireszeléket.
h) A tésztát szorosan rönkgé tekerjük, majd a hagyományos challahhoz hasonlóan fonjuk be.
i) A fonott cipót sütőpapírral bélelt tepsire helyezzük. Hagyja további 30 percig kelni.
j) Süssük 25-30 percig, vagy amíg a challah aranybarna nem lesz. Szeletelés előtt hagyjuk kihűlni.

100. Sós fűszernövény és sajt challa

ÖSSZETEVŐK:

- 4 csésze kenyérliszt
- 1 evőkanál cukor
- 1 teáskanál só
- 1 csomag aktív száraz élesztő (kb. 2 1/4 teáskanál)
- 1 csésze meleg víz (110°F/43°C)
- 1/4 csésze olívaolaj
- 2 nagy tojás
- 1 csésze reszelt parmezán vagy pecorino sajt
- 2 evőkanál friss fűszernövények (például rozmaring, kakukkfű és oregánó), apróra vágva

UTASÍTÁS:

a) Egy nagy tálban keverjük össze a meleg vizet, a cukrot és az élesztőt. Hagyja állni 5-10 percig, amíg habos lesz.
b) Adjuk hozzá az olajat és a tojást az élesztős keverékhez, jól keverjük össze.
c) Egy külön tálban keverjük össze a lisztet és a sót. Fokozatosan adjuk hozzá ezt a keveréket a nedves hozzávalókhoz, folyamatosan keverjük, amíg tészta nem lesz.
d) A tésztát két részre osztjuk. Egy részletben gyúrjuk bele a kakaóport, amíg teljesen be nem épül.
e) Adjuk hozzá a reszelt sajtot és az apróra vágott fűszernövényeket a tésztához, dagasszuk jól össze.
f) Melegítsd elő a sütőt 175°C-ra (350°F).
g) A tészta minden részét téglalappá nyújtjuk. A sima tészta tetejére tesszük a csokis tésztát, és egyenletesen rászórjuk a csokireszeléket.
h) A tésztát szorosan rönkgé tekerjük, majd a hagyományos challahhoz hasonlóan fonjuk be.
i) A fonott cipót sütőpapírral bélelt tepsire helyezzük. Hagyja további 30 percig kelni.
j) Süssük 25-30 percig, vagy amíg a challah aranybarna nem lesz. Szeletelés előtt hagyjuk kihűlni.

KÖVETKEZTETÉS

Amint befejezzük a „AZ VÉGSŐ BRIÓS KÉZIKÖNYV" című kutatásunkat, reméljük, hogy minden alkalommal átvette a tökéletes briós sütésének művészetét. Az ezeken az oldalakon található minden recept a briós világát meghatározó örömről, precizitásról és készségről tanúskodik. Akár rácsodálkozott a fahéjjal forgatott briós zamatos rétegeire, akár élvezte a klasszikus briós tekercs egyszerűségét, bízunk benne, hogy ez a kézikönyv felhatalmazza Önt arra, hogy saját konyhája kényelmében készítsen pékáru minőségű brióst.

A hozzávalókon és a technikákon túl büszkeség és öröm forrásává váljon az a megelégedés, hogy egy aranyszínű, illatos brióst húz ki a sütőből. Ahogy folytatja sütési készségeinek csiszolását, a "AZ VÉGSŐ BRIÓS KÉZIKÖNYV" legyen az Ön számára a finom variációk, innovatív csavarok és a frissen sült briósok barátokkal és családjával való megosztásának időtlen öröme.

Íme, a brióssütés művészete, a tökéletesen laminált tészta varázsa, és a számtalan élvezet, amely a kulináris utazás során vár rád. Tele legyen konyhája a siker édes illatával, miközben minden alkalommal elsajátítja a tökéletes briós sütésének művészetét!

www.ingramcontent.com/pod-product-compliance
Lightning Source LLC
Chambersburg PA
CBHW071314110526
44591CB00010B/876